Pressekonferenz und Medienreise
Informationen professionell präsentieren

H - IX - 25

Michael Konken

# Pressekonferenz und Medienreise

## Informationen professionell präsentieren

FBV Medien-Verlags GmbH

Die Deutsche Bibliothek — CIP-Einheitsaufnahme

**Konken, Michael:**
Pressekonferenz und Medienreise: Informationen professionell
präsentieren / Michael Konken
Limburgerhof : FBV-Medien-Verl.-GmbH, 1999.

ISBN 3-929469-23-5

© FBV Medien-Verlags GmbH, D-67117 Limburgerhof, 1999

Druck: Druck Partner Rübelmann GmbH, Hemsbach
Printed in Germany

ISBN 3-929469-23-5

# Inhaltsverzeichnis

# Abbildungsverzeichnis

# Tabellen und Verzeichnisse

**Es gibt nichts, was man nicht noch besser machen kann.**

Henri Nestlè

# 1. Einleitung

Professionell arbeiten, Profi sein: Unternehmen, Institutionen, Organisationen, aber auch Behörden machen von diesem Anspruch gern Gebrauch, wenn es um ihre Arbeit geht. Professionalität wird immer da besonders deutlich, wo sich ein Unternehmen[1] in der Öffentlichkeit präsentiert. Schlechte Öffentlichkeitsarbeit oder nicht professionelle Pressearbeit werden sich kurz- und langfristig negativ auswirken.

Pressearbeit muß intensiv erlernt und in der Praxis geübt werden. Sie kann in einer ständig auf Leistung ausgerichteten Gesellschaft nicht mehr nebenbei erledigt werden. Gut frequentierte Ausbildungs- und Studiengänge für Pressesprecher in Wirtschaft und Verwaltung, Volontariate in Pressestellen sowie ein ständig wachsendes Seminarangebot sind schon seit einiger Zeit deutliche Zeichen für den besonderen Stellenwert der Pressearbeit, da an Pressesprecher mittlerweile genau die gleichen Anforderungen gestellt werden, die Medien für ihre Mitarbeiter setzen.

Besonders deutlich wird eine funktionierende Pressearbeit immer dann, wenn Journalisten in Pressekonferenzen Informationen erhalten und über diesen Weg die Öffentlichkeit informiert werden soll. Eigene Beobachtungen zeigen, daß ca. 90 Prozent aller Pressekonferenzen oberflächlich, lieblos oder sogar falsch organisiert und veranstaltet werden. Kein Wunder also, wenn wichtige Information auf diesem Weg nicht die gewünschte Öffentlichkeit erreichen.

Von grundlegender Bedeutung ist es – neben der Kenntnis weitreichender journalistischer Grundlagen –, die Organisation und den Ablauf einer Pressekonferenz zu beherrschen. Eine Pressekonferenz zeigt schnell und deutlich, ob Pressesprecher, Unternehmensvertreter und Fachleute neben ihrer fachlichen Eignung auch die Fähigkeit besitzen, komplexe Themen und Inhalte der Öffentlichkeit folgerichtig und nachvollziehbar zu erläutern.

Falsch organisierte Pressekonferenzen können einen nachhaltigen Schaden für die veranstaltenden Unternehmen, Behörden etc. verursachen; übertrieben ausgerichtete den Veranstalter der Lächerlichkeit aussetzen. Veranstalter müssen, wollen sie auch zukünftig mit einer Pressekonferenz über ein besonderes Thema informieren, eine genaue Abwägung vornehmen, ob eine Pressekonferenz dem Anlaß dienlich ist oder andere Instrumente der Informationsvermittlung ausreichen.

Pressekonferenzen sind keine einseitigen Verkündungsveranstaltungen, deren Zweck es ist, auf Journalisten so Einfluß zu nehmen, daß sie kritiklos das schreiben, was ihnen vorgetragen wird. Wer von dieser Einstellung ausgeht, hat bereits die Basis für

---

[1] Gemeint sind hiermit auch Institutionen, Organisationen, Behörden, Vereine etc.

den Mißerfolg gelegt. Der oft gehörte Satz an Journalisten: „Nun schreiben Sie mal schön!", ist ein Absurdum, da Journalisten keine Befehlsempfänger für Nachrichten der Veranstalter sind.

Die Folge schlechter Pressekonferenzen sind spürbare quantitative und/oder qualitative Rückgänge in der Zahl der teilnehmenden Journalisten. Die Meinungen von Journalisten zu Pressekonferenzen geben eindrucksvoll Beschreibungen der Journalistin Ele Schöfthaler aus dem Buch *Recherche praktisch* wieder:

Sie sollten nicht alle Termine, die von außen gesetzt sind, aus Ihrem Terminkalender streichen. Nicht hingehen müssen Sie etwa zu Pressekonferenzen anläßlich der Eröffnung einer Kindereinrichtung, eines Hauses für Obdachlose, eines Treffpunktes für Arbeitslose. Fast immer existiert die Einrichtung schon Wochen vor dem offiziellen Termin. Warum also nicht vorab dort anrufen – wer Zeit hat, bitte auch direkt dort vorbeigehen – und etwas von der Alltagsstimmung im Haus mitbekommen?

Die großen Reden und der feierliche Rahmen einer Eröffnungsfeier verstellen oft den Blick für eine nüchterne Recherche. Und den Kaffee, den Sekt und die Häppchen, die üblichen Angebote bei solchen Feiern, können Sie sich zusammen mit Freunden leisten, wenn Sie oft und gut die richtigen Geschichten früher als andere verkauft haben.

Manche Pressekonferenzen müssen sein, die Pressekonferenz der Polizei etwa zu laufenden Ermittlungen, Pressekonferenzen auch, zu denen es grundsätzlich keine Vorabinformationen gibt, und Pressekonferenzen, bei denen Sie Gelegenheit haben, Menschen zu befragen, die sonst kaum erreichbar sind für Sie, Firmenchefs etwa oder Minister und Staatssekretäre.[2]

---

[2] E. Schöfthaler, Recherche praktisch, List Verlag, München 1997, S. 33 ff.

# 2. Formen der Informationsvermittlung

- **Journalistische Darstellungsformen**

- **Off the records**

- **Exklusivgespräch**

- **Hintergrundgespräch**

- **Pressebriefing**

- **Pressegespräch**

- **Pressetalk (Pressetreff)**

- **Statementkonferenz**

- **Pressekonferenz**

- **Medienreise**

## 2.1. Journalistische Darstellungsformen

Die journalistischen Darstellungsformen,[3] wie Nachricht, Reportage, Feature oder Interview sind die gebräuchlichsten Instrumente der täglichen Pressearbeit. Pressesprecherinnen und Pressesprecher informieren am häufigsten durch Pressemitteilungen – am zweckmäßigsten in der Form der *hard news* – Journalisten über interessante Themen. Voraussetzung: "Eine Pressemitteilung kann alle Fragen zum Thema beantworten, klar, verständlich und nachvollziehbar ein Thema erläutern. Nach dem Lesen dürfen keine Fragen mehr offen sein."[4]

Kann diese Anforderung an eine Pressemitteilung nicht erfüllt werden – hierbei ist ein enger Maßstab anzulegen –, müssen andere Formen der Informationsvermittlung gewählt werden.

## 2.2. Pressebriefing

> **> Auf den Punkt gebrachte Kurzinformation <**

Übersetzt aus dem Englischen, bedeutet Briefing 'kurze und bündige Information' in Form einer Zusammenfassung. Diese Technik sollte gewählt werden, wenn Journalisten für ihre Berichterstattung kurze und auf den Punkt gebrachte Informationen benötigen.

Bei dem Pressebriefing handelt es sich um kurze Erläuterungen zu einem Thema. Die Einladung erfolgt meist kurzfristig. Das typische Pressebriefing wird in der Regel durch den Pressesprecher selbst vorgenommen. Es stehen keine weiteren Redner zur Verfügung. Der kurzen Erläuterung eines Sachverhalts folgen die Fragen der Journalisten. Typisches Beispiel für ein Pressebriefing sind Informationen während des Verlaufs von Krisen. Der Pressekonferenz folgen in derartigen Fällen in kurzen Zeitabschnitten Briefings, die über den weiteren Verlauf Informationen vermitteln. Diese müssen nicht immer aktuell sein. Zweck des Briefings ist es, die Journalisten zu informieren, auch wenn die Informationen nur Spekulationen zum Inhalt haben (s. Kapitel 3.4.3.1. Krisen-Pressekonferenz).

---

[3] Journalistische Darstellungsformen, s. M. Konken, Pressearbeit – Mit den Medien in die Öffentlichkeit, Limburgerhof 1998, S 103 ff.

[4] M. Konken, Pressearbeit – Mit den Medien in die Öffentlichkeit, Limburgerhof 1998, S. 63 ff.

Ein andere Form des Briefings sind Antworten auf Anfragen von Journalisten, oft fernmündlich. Vorausgegangen sind Recherchen der Journalisten, Informationen Dritter oder Informationen aus einer Pressemitteilung. Ein Briefing will einen kurzen Sachverhalt erklären, also verständlich machen.

## 2.3. Exklusivgespräche

Recherchieren Journalisten ein Thema, weil sie die Idee selbst hatten, so liegt das Exklusivrecht beim Recherchierenden. Wollte ein Unternehmen, eine Behörde etc. der Öffentlichkeit in Kürze dasselbe Thema vorstellen, so dürfen sie bis zur Veröffentlichung durch den recherchierenden Journalisten dieses nicht selbst veröffentlichen. Da der Journalist einen Anspruch auf die Exklusivität seines selbst recherchierten Themas hat, dürfen beim Bekanntwerden dieser Voraussetzung keine Hinweise an andere Journalisten gegeben werden.

Diese Verpflichtung entfällt, wenn auch andere Journalisten selbst auf das Thema aufmerksam wurden und Informationen erbeten werden. Fair ist es, in derartigen Situationen den Journalisten zu informieren, der bisher das Thema für sich exklusiv beanspruchte.

Nicht zulässig ist es, immer wieder ausgewählten Journalisten Exklusivgespräche zu verschiedenen Themen anzubieten, da ansonsten eine Beeinträchtigung der Meinungs- und Willensbildung vorliegt. Das Exklusivrecht ist im Pressekodex geregelt. Dieser ist für alle Journalisten verbindlich.

---

**Richtlinie 1.1. des Pressekodex**

Die Unterrichtung der Öffentlichkeit über Vorgänge oder Ereignisse, die nach Bedeutung, Gewicht und Tragweite für die Meinungs- und Willensbildung wesentlich sind, darf nicht durch Exklusivverträge[5] mit den Informationsträgern oder durch deren Abschirmung eingeschränkt oder verhindert werden.

Wer ein Informationsmonopol anstrebt, schließt die übrige Presse von der Beschaffung von Nachrichten dieser Bedeutung aus und behindert damit die Informationsfreiheit.

---

[5] Anmerkung des Autors: Dazu gehören auch ständig wiederkehrende Exklusivgespräche mit denselben Journalisten/Journalistinnen zu verschiedenen Themen.

## 2.4. Hintergrundgespräche

> **> Ein Thema detailliert abrunden <**

Hintergespräche sind notwendig, um in einem kleinen Kreis detaillierte Informationen zu geben, die ein Thema nach allen Seiten abrunden und für Journalisten verständlicher machen sollen. Hintergrundgespräche bieten auch die Möglichkeit, Themen mit Journalisten zu diskutieren und zu bewerten. Sie können sowohl als Gespräch unter vier Augen wie auch mit mehreren Journalisten gleichzeitig geführt werden. Die gegebenen Informationen sind in der Regel für eine Veröffentlichung frei. Hintergrundgespräche dienen auch dazu, sich ein Meinungsbild zu machen oder aber Meinungen und Wertungen von Journalisten zu berücksichtigen, bevor eine endgültig abgestimmte Veröffentlichung erfolgt.

Themen von Hintergrundgesprächen sind keine geheimen Themen. Trotzdem kann es möglich sein, daß ein besprochenes Thema noch nicht für die Veröffentlichung freigegeben wird, weil das Hintergrundgespräch auf die Veröffentlichung vorbereiten soll. Insofern kann es sich um eine Mischung aus Off-the-records-Informationen und detailliertem Hintergrundwissen eines vielleicht schon veröffentlichten oder zu veröffentlichenden Themas handeln. Sollte dies der Fall sein, müssen die teilnehmenden Journalisten eindeutig darauf hingewiesen werden.

## 2.5. Off the records

> **> Vertrauliche Gespräche <**

Gespräche, die *off the records* geführt werden, sind in den meisten Fällen Gespräche unter vier Augen. Sie sind so vertraulich, daß sie grundsätzlich der Geheimhaltung unterliegen. Ein Verstoß gegen die Vertraulichkeit wird die Zusammenarbeit zwischen Informanten und Journalisten stark beeinträchtigen, wenn nicht sogar beenden.

*Off the records* werden auch Gespräche geführt, die eine große Wirkung für die Öffentlichkeit haben, aber zu einer Gefährdung von Personen führen können, wenn Informationen in die Öffentlichkeit gelangen. Sie werden dann geführt, wenn die Gefahr besteht, das Journalisten durch eigene Recherchen einen Ermittlungs- oder Fahndungserfolg verhindern könnten. Ein solches Verfahren ist immer, wenn möglich, einer Nachrichtensperre vorzuziehen. Eine genaue Abwägung zwischen einem Off-the-records-Gespräch oder einer Nachrichtensperre ist vorzunehmen.

---

**Beispiel:**

Eine bekannte Person wurde entführt und Lösegeld gefordert. Die Ermittlungen der Polizei haben bereits dazu geführt, daß man den Tätern auf der Spur ist. Die weiteren Ermittlungen wären gefährdet, wenn die Presse Informationen veröffentlichen würde. Besteht die Gefahr, daß die Presse kurzfristig Informationen erhält, wäre es zweckmäßig, die Journalisten einzuweihen mit der Bitte, nicht über die Entführung zu berichten. Dabei kann ein Zeitraum vereinbart werden. In einem derartigen Gespräch werden den Journalisten Off-the-records-Informationen gegeben. Es ist selbstverständlich, daß nach dem Abschluß der Ermittlungen die Presse sofort detailliert informiert wird.

Eine Nachrichtensperre würde dazu führen, daß Journalisten umfangreiche eigene Recherchen beginnen, deren Ergebnisse mit Sicherheit veröffentlicht werden.

---

Die Vertraulichkeit gilt für beide Seiten, denn nicht selten kommt es vor, daß auch Journalisten über Informationen verfügen, die für die andere Seite von Interesse sein könnten. Informationen aus derartigen Gesprächen gelangen grundsätzlich nicht in die Öffentlichkeit. Der Grad und das Ausmaß der Vertraulichkeit können aber mit dem Informanten vereinbart werden. Denkbar ist, daß ein Teil der Information, auch mit Nennung der Quelle, für die Berichterstattung genutzt werden darf. Es muß allerdings eine genaue Absprache hinsichtlich des Themenfragments und des Ausmaßes exakt festgelegt werden.

Um Probleme zu vermeiden, sollte der Journalist gebeten werden, seinen Text vor der Veröffentlichung dem Informanten zur Kenntnis zu geben. Spätere Mißverständnisse und Probleme werden so im gegenseitigen Interesse ausgeschlossen. Möglich ist es auch, Informationen zu verwenden, den Informanten aber namentlich zu schützen. Selbst eine indirekte Preisgabe des Namens muß verhindert werden, da oft durch die Art der Fakten in der Veröffentlichung Rückschlüsse auf den Informanten möglich sind.

**Beispiel:**

In einer Lokalzeitung wurden immer wieder Aspekte vertraulicher Themen aus Sitzungen eines bestimmten Ausschusses veröffentlicht.

Nach einiger Zeit wurde bekannt, daß der berichtende Redakteur ein Nachbar des Vorsitzenden war, in dessen Ausschuß die Themen beraten wurden. Da einige Informationen nur dem Ausschußvorsitzenden bekannt sein konnten, war für Insider leicht nachvollziehbar, wie die Informationen in die Öffentlichkeit gelangen konnten bzw. wer die Informationen geben konnte.

Off-the-records-Gespräche sollten in vertraulicher Atmosphäre geführt werden. Oft sind sie als dienstliches Arbeitsessen deklariert, oder es wird unter einem Vorwand "auf ein Bier" eingeladen.

## 2.6. Pressegespräch

> Thema von geringer Bedeutung oder lokalem Interesse <

Pressegespräche werden fälschlicherweise oft als Pressekonferenzen bezeichnet. Kennzeichen von Pressegesprächen sind:

• Die Bedeutung des Themas eines Pressegesprächs ist grundsätzlich geringerer Art, aber so wichtig oder kompliziert, daß es durch eine Pressemitteilung nicht ausreichend vermittelt werden kann.

• Sowohl von seiten der Medien als auch von seiten der Informierenden handelt es sich um eine eng begrenzte Teilnehmerzahl.

• Die Themen sind in der Regel lokal begrenzt und haben keine überregionale Bedeutung.

Das Pressegespräch zielt darauf ab, Informationen zu vermitteln, wobei die Informationsebene zwischen der Pressemitteilung und der Pressekonferenz angesiedelt ist.

Zu Pressegesprächen wird wie zu Pressekonferenzen eingeladen. Es gelten die gleichen terminlichen und formalen Anforderungen wie für die Pressekonferenz. Die Einladungsfrist kann allerdings kürzer sein, jedoch nicht unter einer Woche liegen. Die Einladung erfolgt schriftlich mit Nennung der Gesprächsteilnehmer und des Themas. Ein Pressegespräch sollte den Zeitrahmen von einer Stunde nicht überschreiten.

Ein Pressegespräch kann in der Art der Moderation lockerer geleitet werden als eine Pressekonferenz. Dies bedeutet auch, daß die streng einzuhaltende Struktur der Pressekonferenz nur als Orientierung für das Pressegespräch gilt. Zwischenfragen sowie gemeinsame Erörterungen und Überlegungen sind erlaubt, ja sogar sinnvoll, um so zu einem sehr persönlichen Gesprächsklima zu kommen. Das Pressegespräch wird überwiegend als Dialog geführt und kann in unterschiedlicher Formen stattfinden. Denkbar ist auch, daß es als Kamingespräch oder in der Form eines Pressefrühstücks veranstaltet wird.

Die Sitzordnung sollte immer ungezwungen sein; auf eine formelle Sitzordnung wie in der Pressekonferenz muß verzichtet werden. Dabei sind Tischformen zu wählen, die eine ungezwungene Kommunikation unterstützen.

**Abbildung 1: Tischformen für Pressegespräche**

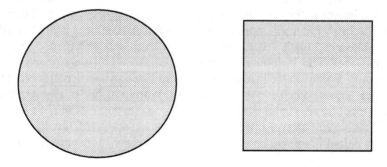

## 2.7. Pressetalk

> **> Lockere, ungezwungene Form der Pressekonferenz <**

Eine neue, immer beliebtere Form der Pressekonferenz, ist der Pressetalk. Bezeichnet werden derartige Veranstaltungen auch als Pressetreff, Medientreff, Journalistentreff, Info-Treff oder ähnliches. Der eigenen Kreativität sind bei der Namensfindung keine Grenzen gesetzt.

Der Pressetalk ist eine lockere Veranstaltungsart. Er eignet sich besonders für "bunte" Themen, die in ungezwungener Atmosphäre der Öffentlichkeit vorgestellt werden sollen. Besonders für den Tourismus- Veranstaltungs- oder Kulturbereich ist der Pressetalk eine interessante Variante zur herkömmlichen Pressekonferenz.

Der Pressetalk wird meist an Stehtischen veranstaltet. Natürlich sind auch andere Varianten denkbar. Bei entsprechender Wetterlage besteht die Möglichkeit, diese neue Art der Informationsvermittlung auch als Freiluftveranstaltung zu organisieren. Der Moderator leitet, wie während der herkömmlichen Pressekonferenz, den Pressetalk; der Ablauf gestaltet sich wie in jeder anderen Pressekonferenz.

Die Journalisten stehen ebenfalls an Stehtischen oder sitzen ohne Sitzordnung in ungezwungener Runde in der Nähe der Redner. Diese Form hat sich in den vergangenen Jahren immer mehr bei geeigneten Themen durchgesetzt. Der Rahmen eines solchen Pressetalks kann in einem entsprechenden Ambiente gestaltet werden. Dazu können gehören: Musik – vor, zwischen und nach den Statements – Kleinkünstler, ein kleiner, vielleicht besonderer Imbiß, Picknick und anschließende Gespräche in lockerer Atmosphäre. Der Pressetalk soll zum Erlebnis werden, der Veranstaltungsort und der -rahmen zur Teilnahme animieren. Warum nicht den Pressetreff auf einem Schiff, in einer Straßenbahn, einem Museumszug etc. veranstalten? Er ist eine attraktive Alternative zu den typischen Pressekonferenzen und wird, wenn in der Einladung besonders darauf hingewiesen wird, ein großes Interesse der Journalisten auslösen.

**Abbildung 2: Möglicher Grundriß eines Pressetalks mit Stehtischen und Sitzbänken**

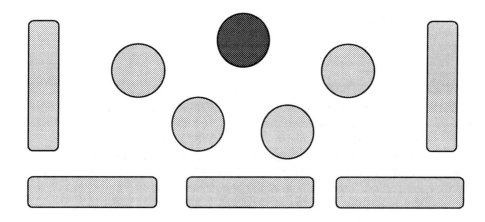

## 2.8. Statementkonferenz

Die Statementkonferenz orientiert sich an der Struktur einer Pressekonferenz. Nach den Statements ist allerdings nicht die Möglichkeit gegeben, Fragen zu stellen. Auch die Moderation ist eher zurückhaltend, ja es kann sogar auf sie verzichtet werden.

Die Statementkonferenz will Journalisten aktuell über ein Ereignis informieren, ohne daß es zu Fragen und, damit verbunden, weiteren Erläuterungen kommt. Diese Form sollte nur in absoluten Ausnahmefällen angewendet werden, da sie nicht den primären Zielen einer Pressekonferenz entspricht.

## 2.9. Pressekonferenz

Eine Pressekonferenz soll etwas nicht Alltägliches in der Pressearbeit sein. Die Einladung zu einer Pressekonferenz signalisiert den Medien einen besonderen Grund. Sie wird immer dann eine große Resonanz haben, wenn die Wichtigkeit des Themas den Medien im Vorfeld vermittelt werden konnte (s. Kapitel 3.0).

## 2.10. Medienreise (s. Kapitel 11)

> Variationen der Informationsvermittlung <

Die Medienreise ist eine Veranstaltung, die für mehrere Tage geplant wird und verschiedene Instrumente der Informationsvermittlung bietet (s. Kapitel 11. Medienreise). Sie muß ein wichtiges Thema mit **allen** Facetten darstellen. Die Medienreise richtet sich an ausgesuchte Journalisten aus dem gesamten Bundesgebiet und dem Ausland. Eine Medienreise beinhaltet einen Mix aus Pressekonferenzen, Fachreferaten, Pressegesprächen, visuellen Darstellungen, Besichtigungen und natürlich Möglichkeiten eines intensiven Meinungsaustausches.

# 3. Pressekonferenz

**Eine Konferenz ist eine Sitzung, zu der viele hineingehen und wenig herauskommt.**

Werner Finck

Dieser Ausspruch des bekannten Kabarettisten Werner Finck darf nicht für Pressekonferenzen gelten. Untersuchungen beweisen, daß Informationen, die in einer Pressekonferenz vermittelt werden, die höchste Veröffentlichungsrate in den Medien haben, da sie "keine Informationen von der Stange sind".[6] Ausgangspunkt ist immer ein besonders wichtiger Anlaß.

> Der Anlaß für eine Pressekonferenz muß den Aufwand rechtfertigen. Wer zur Vorstellung einer digitalen Wanduhr die gesamte Wirtschaftspresse einlädt, darf sich nicht wundern, wenn kein Journalist kommt.[7]

## 3.1. Grundsätzliches

> **> Wer keine interessante Nachricht hat,**
> **wer kein öffentlichkeitswirksames Ereignis bieten kann,**
> **der sollte auch keine Pressekonferenz veranstalten. <**

---

[6] Untersuchung des Schweizer PR-Instituts, F. Levermann, Kommunalverband Ruhrgebiet, Essen, Von der PK bis zur Journalistenfahrt, 1996.
[7] Medienpraxis, journalist, 10/1997, S. 3.

---

**Anlässe für Pressekonferenzen können sein**

◆ ein aktuelles, bedeutendes und wichtiges Thema für die Öffentlichkeit,

◆ die Erläuterung eines komplizierten Sachverhalts oder Themas,

◆ Erläuterungen von Projekten und Entscheidungen,

◆ öffentliche Stellungnahme fachlich kompetenter Vertreter eines Unternehmens, einer Behörde, Institution oder Organisation,

◆ Stellungnahme zu Fragen von gesellschaftlicher Relevanz,

◆ Präsentation von Geschäftsberichten, technischen Innovationen, Vorschau auf Veranstaltungen oder Vorführungen,

◆ größere Veranstaltungen oder Vorführungen.

---

Eine besondere Wichtigkeit liegt vor, wenn es sich um ein Thema handelt, das eine große Beachtung findet, gefunden hat oder finden wird. Neben den lokalen Medien müssen sich insbesondere die überregionalen Medien dafür interessieren.

Journalisten haben immer weniger Zeit für ihre redaktionelle Arbeit. Daher ist in allen Redaktionen eine immer stärkere Abneigung gegen Pressekonferenzen festzustellen. Spätestens dann, wenn Redaktionen ihre Volontäre oder Praktikanten zu Pressekonferenzen schicken, sollten die Veranstalter darüber nachdenken, ob diese Form der Informationsvermittlung nicht strapaziert wurde.

Pressekonferenzen sind nur dann sinnvoll, wenn ein Thema nicht mit einer Pressemitteilung oder mit anderen Instrumenten der Informationsvermittlung erläutert werden kann. Sie müssen vor allem die Möglichkeit bieten, daß Journalisten intensiv Fragen stellen und sich ein umfassendes Bild von dem Thema machen können.

---

**> Wenn mündliche und schriftliche Informationen an die Presse ausreichen, muß auf eine Pressekonferenz verzichtet werden.<**

## 3.2. Zehn Gebote der Pressekonferenz

### Zehn Gebote der Pressekonferenz

1. Die Pressekonferenz muß eine **interessante Nachricht** präsentieren.

2. Das Thema kann **nur durch eine Pressekonferenz** den Journalisten vermittelt werden.

3. Es muß sich immer um eine **konkrete** oder **latente Aktualität** handeln, also um neue Informationen.

4. Die Pressekonferenz hat immer nur **ein Thema**.

5. Es ist **rechtzeitig** – mindestens 14 Tage vorher – **einzuladen**.

6. **Alle** interessierten Journalisten bzw. **alle** Medien einer bestimmten oder bestimmbaren Zielgruppe müssen eingeladen werden.

7. Auch **kritische Journalisten** müssen eingeladen werden.

8. Es muß ein **idealer Veranstaltungszeitpunkt** gewählt werden.

9. Moderatoren und Redner müssen **professionell** ein Thema präsentieren.

10. Die Pressekonferenz ist **keine Bühne** für Selbstdarsteller.

## 3.3. Vorteile

Ist eine Pressemitteilung die komprimierte schriftliche Information der Presse, die sich an einem genau festgelegten Aufbau orientiert, bietet die Pressekonferenz die Möglichkeit, einen Sachverhalt umfassender darzustellen und zu erläutern. Eine Pressekonferenz ist eine Kommunikationsveranstaltung und keine diktatorische Vermittlung von Informationen, sie ist keine einseitige deklamatorische Verkündungsveranstaltung.

Pressekonferenzen geben den Journalisten die Chance, sich einen Sachverhalt detailliert erläutern zu lassen und eigene Gedanken und Bewertungen zum Ausdruck zu bringen. Sie bieten die Möglichkeit, Mißverständnisse zu beseitigen und Informationslücken in direkter Kommunikation zu schließen. Die Pressekonferenz gibt Einblicke in Meinungen, aber auch in Vorurteile der Journalisten.

## 3.4. Arten der Pressekonferenz

Pressekonferenzen werden aufgrund eigener Initiative, also freiwillig, oder aus einem dringenden aktuellen Anlaß veranstaltet. Freiwillige Pressekonferenzen können regelmäßig oder bei Bedarf veranstaltet werden.

---

**Unterscheidung der Pressekonferenz nach der Art des Anlasses**

- **freiwillig** einberufene Pressekonferenzen
  - aufgrund eines Themas
  - aufgrund eines bevorstehenden Ereignisses,

- **ritualisierte** Pressekonferenzen,

- **nicht freiwillig** einberufene Pressekonferenzen,

- **Krisen-**Pressekonferenzen.

---

## 3.4.1. Freiwillige Pressekonferenz

Die freiwillig veranstaltete Pressekonferenz bietet sich immer dann an, wenn ein aktuelles Thema oder eine bevorstehende wichtige Veranstaltung der Presse erläutert werden soll. Mit der freiwillig einberufenen Pressekonferenz hat der Veranstalter die Möglichkeit, ein Thema erfolgreich in die Öffentlichkeit zu bringen.

Eine freiwillig veranstaltete Pressekonferenz verliert den Anschein der Freiwilligkeit, wenn es sich um eine vorgezogene Pflichtveranstaltung handelt. Dies kann der Fall sein, wenn eine sich anbahnende Krise die Information der Öffentlichkeit erforderlich macht, aber das Thema bisher nicht in die Öffentlichkeit gelangt ist. Sollte dies in naher Zukunft zwangsläufig der Fall sein, handelt es sich nicht mehr um eine freiwillig einberufene Pressekonferenz. Allerdings bietet der – vom Veranstalter selbst bestimmte – frühzeitige Veranstaltungszeitpunkt taktische Vorteile. Dies gilt besonders für Pressekonferenzen in bevorstehenden Krisenfällen.

## 3.4.1.1. Events

Einer der häufigsten Anlässe für Pressekonferenzen sind Veranstaltungen, die aber, um eine große Medienresonanz zu erreichen, die Wertigkeit von Events haben sollten. Events sind natürlich oder künstlich, können willentlich oder ein zufälliges Ereignis sein. Anforderungen an Events sind, daß sie **einmalig** aus dem Blickwinkel des Besuchers/Veranstalters sind. Auch die Wiederholung einer Veranstaltung kann ein Event sein, wobei allerdings festzustellen ist, daß mehrmalige gleiche Events (Hamburger Hafenfest, Kieler Woche, Oktoberfest), immer wieder neue Attraktionen und Programme bieten müssen, damit eine gute Medienresonanz für die Auftaktpressekonferenz vorhanden ist.

Events haben eine begrenzte Dauer. Sie sind vorübergehend, mehrere Tage bis Wochen. Mit der Veranstaltung sollen Bedürfnisse einer Vielzahl von Menschen angesprochen werden.

---

**Arten von Events**


- **religiöse** (Papstbesuche/Pilgerfahrten),

- **kulturelle** (Bräuche/Folklore/kulinarische VA),

- **Hochkultur** (Theater/Musikfestivals),

- **Kunstkultur** (Ausstellungen/Literatur),

- **kommerzialisierte Kultur** (Medienveranstaltungen),

- **kommerzielle/wirtschaftliche Events** (Messen/Promotion/Verkaufsausstellungen),

- **Sport** (Meisterschaften/Olympische Spiele/ATP-Tournee/Breitensport),

- **gesellschaftliche** (Gipfeltreffen/Eröffnungsfeiern),

- **natürliche** 1. regelmäßig wiederkehrend (z.B. Heideblüte),
  2. einmalig (Katastrophe).

---

Bei der Planung von Events muß rechtzeitig festgelegt werden, wann Pressekonferenzen veranstaltet werden sollen. Mehrere Pressekonferenzen werden je nach Art und Größe der Veranstaltung nötig sein, ergänzt durch eine flankierende zielgerichtete Pressearbeit.

Die erste Pressekonferenz für eine neue Veranstaltung sollte stattfinden, wenn neben der Idee erste Programmpunkte feststehen. Es muß das Ziel sein, bei den Medien Interesse für die Veranstaltung zu wecken. Stehen weitere Attraktionen fest, die eine besonders große Bedeutung für die Öffentlichkeit haben und den Anforderungen für die Veranstaltung einer Pressekonferenz entsprechen, so können bis zum Beginn der Veranstaltung weitere Konferenzen zu wichtigen neuen Detailthemen veranstaltet werden. Dabei darf es aber nicht zu einer Überbeanspruchung der Medien kommen. Die Pressemitteilung hat auch in diesen Fällen Vorrang. (siehe Grobplanung Pressekonferenzen, Kapitel 12.2).

Wichtig ist die Pressekonferenz direkt vor der Eröffnung einer Veranstaltung. Sie soll das Thema noch einmal publizieren und detaillierte aktuelle Fakten vermitteln. Als Zeitpunkt ist ein Termin zu wählen, der unmittelbar vor der Veranstaltung liegt, aber zugleich die Möglichkeit bietet, noch vor Veranstaltungsbeginn berichten zu können. Ist beispielsweise die Eröffnung eines Events für den bevorstehenden Sonnabend geplant, so sollte die letzte Pressekonferenz zum Thema am Donnerstag vorher stattfinden. Große Messen, wie z.B. die "boot düsseldorf" verfahren so, um mit einer letzten Pressekonferenz noch kurzfristige Berichterstattungen zu erreichen, die wiederum viele interessierte Besucher anzusprechen sollen. Damit die Medien noch einmal kurzfristig berichten, sollte in der Pressekonferenz, sozusagen als *eye catcher*, noch eine besondere, bisher nicht bekannte Attraktion bekannt gegeben werden.

### 3.4.1.2. Kongresse

Pressekonferenzen werden auch im Rahmen von Kongressen veranstaltet. In der Bewertung von Journalisten sind diese "weniger ergiebig als die eigene Recherche während eines Kongresses."[8] "Auf dem Podium sitzen die offiziellen Vertreterinnen und Vertreter der Veranstalter, die das sagen, was sie gern über sich und ihre Organisation in den Zeitungen lesen würden." Journalisten wollen sich dabei nicht vor den Karren des Veranstalters spannen lassen.

Es stellt sich die Frage, wann Pressekonferenzen im Rahmen von Kongressen veranstaltet werden sollen. Ist das Thema des Kongresses so interessant, daß auch während der Konferenz – sofern sie öffentlich ist für die Presse – Journalisten anwesend sind, ist jeder Zeitpunkt möglich. Bei einem, ausgehend vom Gesamtrahmen, nicht

---

[8] E. Schöfthaler, Recherche praktisch, List Verlag, München 1997, S. 35 ff.

immer interessanten Thema sollte die Pressekonferenz nach Beendigung der Konferenz stattfinden.

Ein fester Termin ist den Journalisten bereits mit der Einladung zur Konferenz zu nennen. Dieser darf an einem Werktag nicht später als 16.00 Uhr liegen, um eine Veröffentlichung für den kommenden Tag noch zu erreichen. Finden Kongresse am Wochenende statt, so muß berücksichtigt werden, daß die Teilnahme der Presse wegen des Wochenenddienstes bei nicht besonders öffentlichkeitsrelevanten Themen als eher gering einzuschätzen ist. Grundsätzlich gelten alle Anforderungen der üblichen Pressekonferenz.

Zweckmäßig dürfte es sein, bei nicht besonders aktuellen Ergebnissen des Kongresses den Termin auf 11.00 Uhr des folgenden Tages zu legen. Eine Pressekonferenz in den Abendstunden – wenn der Kongreß erst am späten Nachmittag endete – ist nicht zu empfehlen. Wichtige Referenten des Kongresses müssen als Redner während der Pressekonferenz zur Verfügung stehen. Ist ein solches Verfahren nicht möglich, so muß in Erwägung gezogen werden, den Kongreß am Nachmittag für eine Pressekonferenz zu unterbrechen.

---

**Zeitpunkte für Pressekonferenzen bei Kongresseen**

- vor Beginn des Kongresses (am Vortag oder direkt vor Beginn),

- im Rahmen des Kongresses (Unterbrechung des Kongresses),

- direkt nach dem Ende des Kongresses, wenn aktuelle Ergebnisse vorliegen,

- nach Beendigung am nächsten Tag, wenn die Ergebnisse nicht besonders aktuell sind und der Kongreß erst am späten Nachmittag oder Abend des Vortages beendet wurde.

---

## 3.4.1.3. Messen

Ohne eine gut vorbereitete und intensiv begleitende Pressearbeit kann eine Messepräsentation nicht erfolgreich sein. Sie ist das ideale Instrument zur Information der festgelegten Zielgruppen. Zusätzlich bietet eine Messepräsentation die Chance, die verschiedensten Instrumente der Öffentlichkeitsarbeit einzusetzen. Dazu gehört auch die Pressekonferenz.

Der persönliche Kontakt, die produktorientierte Information sowie eine breit ange-
legte Kommunikation sind positive Aspekte einer Messepräsentation. Messen sind in
erster Linie multifunktionale Marketinginstrumente, die genau definierte Marktseg-
mente repräsentativ darstellen.[9]

Die Planung einer Pressekonferenz während einer Messe muß terminlich mit der
Pressestelle der Messegesellschaft abgesprochen und abgestimmt werden. Während
der Messe überschneiden sich häufig Pressetermine, und zudem gibt es besonders
geeignete Tage, an denen Journalisten zahlenmäßig sehr stark vertreten sind.

---

**Terminabstimmung einer Pressekonferenz mit der
Messegesellschaft**

An die Messegesellschaft ABC
Pressestelle
Postfach 12 34 56

99999 Messestadt

Datum

**Aussteller - Pressekonferenz**

Bitte notieren Sie, daß wir am ......................... um ...................... Uhr eine
Pressekonferenz veranstalten. Ich bitte um Aufnahme der Veranstaltung in
Ihren Presseplaner und in andere Informationen für die Presse.

Die Pressekonferenz findet im Raum ........... auf unserem Messestand in der
Halle ................... Standnummer ....................... statt.

Sollten zum beabsichtigten Zeitpunkt bereits andere Pressekonferenzen ge-
plant sein, so bitte ich um telefonische Rücksprache mit:
Frau/Herrn ...........................................................................
Firma/Ort ............................................................................
Telefon ....................... Fax ...................... E-mail ..................

Mit freundlichem Gruß

---

[9] Groth C./Lenz I., Die Messe als Dreh- und Angelpunkt, Landsberg/Lech 1993.

Kaum geeignet sind Wochenenden. Besser ist es – entgegen der üblichen Praxis –, den Montag zu wählen. Messen beginnen häufig am Wochenende. Aus Gründen, die in redaktionellen Abläufen zu sehen sind (Arbeitszeiten am Wochenende), ist der Beginn einer Woche ideal für die aktuelle Berichterstattung von Messen.

Der Termin der Pressekonferenz muß in einem Presseterminplaner der Messe eingetragen sein, damit Journalisten neben der eigentlichen Einladung zur Pressekonferenz davon Kenntnis erhalten. Achtung: Der Redaktionsschluß für Terminplaner liegt meist mehrere Wochen vor dem Messebeginn, oft bis zu drei Monaten. Die Pressestelle der jeweiligen Messen gibt hierzu gern entsprechende Tips. Weitere Einladungen können in eigene Pressefächer während der Messe, anzubieten über die Pressestelle, verteilt werden.

Während der Pressekonferenz muß es, findet sie auf dem Messestand des Veranstalters statt, zu einer Abschottung gegenüber normalen Messebesuchern kommen. Auf vielen Messen besteht auch die Möglichkeit, einen Raum in der Nähe des Pressezentrum zu mieten, damit unter Termindruck stehende Journalisten nicht schon wegen zu langer Wege an der Pressekonferenz nicht teilnehmen. Zu internationalen Messen kommen auch internationale Journalisten. Dolmetscher sind daher zwingend erforderlich.

Warum Pressekonferenz während einer Messe nicht immer den erwünschten Erfolg bringen, schildert das folgende Beispiel.

---

**Beispiel:**

Eine neue internationale Fluggesellschaft stellte sich durch eine Pressekonferenz während der Internationalen Tourismus-Börse (ITB) in Berlin der Öffentlichkeit vor. Die Pressekonferenz fand an einem Sonntag statt mit der Folge, daß überwiegend freie Journalisten teilnahmen. Die Teilnehmerzahl lag bei acht Journalisten. Davon waren mindestens vier eher zufällig anwesend und am Thema nicht besonders interessiert. Sie waren sogenannte 'Auffüller'.

Nach einer langatmigen Einführung durch den Vertreter einer PR-Argentur, der nur sich, seine besonderen Leistungen und Ideen der Werbung hervorhob, folgten großspurig angepriesene Werbespots, die bereits im Hörfunk gesendet wurden. Nicht verwunderlich, daß dies bereits die ersten Journalisten nach zwei Minuten störte, so daß die Präsentation der Spots abgebrochen wurde. Danach folgte ein Statement von fünfzehn Minuten in englischer Sprache. Das Statement war in der deutschen Übersetzung der Pressemappe beigelegt. Das anstrengende Zuhören und der Vergleich mit dem schriftlichen Statement – es gilt ja das gesprochenen Wort – ermüdeten die Journalisten, so daß erneut Unruhe aufkam.

Erst der deutsche Geschäftsführer des Unternehmens schaffte es, in einem kurzen Statement alle wichtigen Fakten zu nennen. Es folgten keine Fragen der Journalisten, und alle gingen schnell zum Büfett über.

Dieses Beispiel offenbart viele Fehler, die in der Summe die Pressekonferenz zum Mißerfolg werden ließen: falscher Veranstaltungstag, Moderation durch eine PR-Agentur in Form einer Selbstdarstellung, langatmiges Statement, fehlender Dolmetscher und keine professionelle Moderation. Schade um den Aufwand, die Kosten und die Zeit.

Zur Nachbereitung einer Pressekonferenz anläßlich einer Messe gehören:

- Spezielle Wünsche von Journalisten erfüllen, wie Zusendung von weiteren Informationen, Infomaterial etc.
- Versand von Pressemappen an diejenigen Journalisten, die nicht zur Pressekonferenz gekommen sind bzw. kommen konnten.
- Dankschreiben für den Messebesuch/die Teilnahme an der Pressekonferenz mit abschließenden Fakten und Zahlen zum Messeauftritt.
- Kontakt weiter aufbauen und rechtzeitige Einladung zur nächsten Messe.

## 3.4.1.4. Präsentationen

Wird etwas präsentiert, dann will der Veranstalter ein breites Publikum ansprechen. Meinungsbildner, Sponsoren, Investoren, Ehrengäste und – natürlich auch Journalisten. Präsentiert werden z.B. neue Automodelle, Ideen für neue Vergnügungsparks oder Konzepte für gemeinsame neue Ziele.

Eine Präsentation darf nie zur Mischveranstaltung mit einer Pressekonferenz werden. Werden Journalisten zu Präsentationen eingeladen, so muß im Anschluß daran eine Pressekonferenz veranstaltet werden, zu der **nur Journalisten** Zutritt haben. Sie muß immer in einem separaten Raum stattfinden. Es ist darauf zu achten, daß die Präsentation nicht länger als 30 Minuten dauert, da die anschließende Pressekonferenz mindestens 45 Minuten dauern wird.

In der Einladung an die Journalisten muß genau auf den Ablauf hingewiesen werden, damit es später zu keinen Mißverständnissen kommt.

**Beispiel:**

Stolz hatte ein Investor zu einer Pressekonferenz eingeladen, die eine neue virtuelle Besucherattraktion der Presse vorstellen sollte. Der erste unglückliche Umstand war die Zeit, nämlich ein Montag um 13.00 Uhr. Verständlich, daß ein anderer Tag und eine die Arbeitszeiten von Journalisten berücksichtigende Uhrzeit zu einer größeren Resonanz geführt hätte.

Das zweite Manko waren der Ort der Veranstaltung und der Ablauf. Als die ersten Journalisten eintrafen, waren bereits zahlreiche, ebenfalls eingeladene Ehrengäste anwesend. Fragen wie: „Ich dachte, dies ist eine Pressekonferenz?" wurden immer wieder hörbar. Zwar waren im vorderen Bereich des Saales Tische für Journalisten reserviert, dies verhinderte aber nicht, daß sich besonders wichtige Ehrengäste ebenfalls in den reservierten Bereich setzten und dabei Köstlichkeiten des bereits eröffneten Büfetts aßen. Die Präsentation vollzog sich im Halbdunkel. So war es nicht möglich, die Statements während der Reden zu lesen bzw. in den Pressemappen weitere Informationen zu finden.

Nach der Eröffnung folgten fünf mehr oder weniger inhaltsreiche Statements. Danach kam es zur Präsentation durch Mitarbeiter der Agentur, die für die Konzeption und Realisierung verantwortlich waren. Da sie den überaus interessanten und eigentlich begeisternden Inhalt des Themas, unterstützt durch eindrucksvolle Dias und Planskizzen, sehr "trocken", also ohne besondere Begeisterung erläuterten, sprang der Funke auf die Journalisten nicht über. Der Präsentation folgten die Fragen der Journalisten in Anwesenheit der anderen Gäste. Die Gesamtatmosphäre verhinderte eine alle zufriedenstellende Fragerunde. Nur drei Fragen wurden gestellt, zu wenig für ein derartiges, bundesweit interessierendes Thema. So war denn auch die Berichterstattung mehr als unzureichend. Bei objektiver Betrachtung des interessanten Themas hätte es zu einer intensiven bundesweiten Berichterstattung kommen müssen. Dies verhinderten der falsche Veranstaltungstag, die Uhrzeit und der Gesamtablauf, der nicht journalistenfreundlich geplant war.

## 3.4.2. Ritualisierte Pressekonferenz

Regelmäßig veranstaltete Pressekonferenzen, zum Beispiel an jedem Montag nach der Sitzung des Vorstandes, Hauptausschusses, Aufsichtsrates u. ä., werden als ritualisierte Pressekonferenzen bezeichnet. Nicht damit gemeint sind Jahresauftakt-pressekonferenzen, sondern diejenigen, die innerhalb kurzer Zeiträume (täglich, wöchentlich, monatlich) veranstaltet werden.

Bei zyklisch[10] veranstalteten Pressekonferenzen ist Vorsicht geboten. Es ist unwahrscheinlich, daß bei regelmäßig veranstalteten Pressekonferenzen immer Themen vorhanden sind, die den Anspruch einer Pressekonferenz erfüllen.

Ausnahmen sind die Bundespressekonferenz und die Landespressekonferenzen. Sie sind die Arbeitsgrundlage speziell akkreditierter Journalisten, die dort regelmäßig, auch in kurzen Zeiträumen, ihre Informationen erhalten. Sie sind daher nicht mit den anderen ritualisierten Pressekonferenzen vergleichbar, da sowohl in Berlin/Bonn als auch in den Hauptstädten der Bundesländer akkreditierte Journalisten als Korrespondenten der verschiedenen Medien tätig sind. Aber auch derartige Pressekonferenzen werden schlecht besucht, wenn es an qualifizierten Themen mangelt.

Nach regelmäßig veranstalteten Sitzungen sollten nur dann Pressekonferenzen geplant werden, wenn die Ergebnisse der Sitzungen Nachrichten enthalten. Es ist zu empfehlen, bei der Planung und Vorbereitung einer Sitzung zu überlegen, ob die zu behandelnden Themen die Einberufung einer Pressekonferenz rechtfertigen. Im Zweifelsfall sollte auf eine Pressekonferenz verzichtet werden.

---

Wer regelmäßig und brav Pressekonferenzen und offizielle Einweihungsfeiern besucht, läuft Gefahr, nachzuplappern, was Schönredner von sich geben. 'Vorbildliches Förderzentrum eingeweiht', dröhnt da eine Zeitung schon in der Überschrift. Auf dem Foto zum Bericht sieht man die Ehrengäste in der ersten Reihe, die Behinderten auf dem Treppenaufgang sitzen. Dieses Bild hätte schon Anlaß für eine eigene Recherche sein können. Doch der Kollege zog es vor, den gedruckt verteilten Festreden nachzuschreiben.

Ele Schöfthaler[11]

---

[10] Auch als "jour fixe" bezeichnet.
[11] E. Schöfthaler, Recherche praktisch, List Verlag, München 1997, S. 38.

## 3.4.2.1. Jahrespressekonferenz

Zu den ritualisierten Pressekonferenzen gehören auch jene, die zu Beginn eines Jahres einen Rückblick oder als Jahresauftakt Themen und Planungen für das kommende Jahr zum Inhalt haben. Die Jahrespressekonferenz muß sich in der Art der Veranstaltung deutlich von den üblichen Pressekonferenzen im Laufe des Jahres unterscheiden. Neben interessanten Themen muß sie ein besonderes Ambiente besitzen. Dies kann schon durch die Auswahl eines attraktiven Veranstaltungsortes geschehen. Der eigenen Kreativität sind keine Grenzen gesetzt.

Die Jahrespressekonferenz muß in den Planungen der Journalisten unerläßlich sein. Sie wird, da entsprechende Themen zum Beginn eines Jahres auch Widerhall in der Öffentlichkeit versprechen, gut besucht. Gerade in den ersten Wochen des neuen Jahres sind Journalisten, ähnlich wie in der Sauregurkenzeit im Sommer, dankbar für Themen, die sich mit den interessanten Planungen des bevorstehenden Jahres und mit einem Jahresrückblick beschäftigen.

## 3.4.3. Nicht freiwillige Pressekonferenz

Die auch als "Pflicht-Pressekonferenz" bezeichnete Veranstaltung wird bei Anlässen und Themen einberufen, die bereits der Öffentlichkeit oder den Medien bekannt geworden sind. Aus aktuellem Anlaß sind umfangreiche Erläuterungen zu verschiedenen Aspekten und Fragen erforderlich.

Die Voraussetzung ist erfüllt, wenn der Druck aus der Öffentlichkeit so stark geworden ist, daß eine andere Art und Weise der Informationsvermittlung nicht mehr ausreichend ist. Dies könnte der Fall sein, wenn in den Medien bereits vielfältige Interpretationen zum Thema kursieren, die nur durch eine direkte Diskussion mit den Journalisten unter Einbeziehung entsprechender Fachleute erläutert und erklärt werden können. Ziel muß es sein, einen drohenden oder bereits vorhandenen Druck aus der Öffentlichkeit zu nehmen.

## 3.4.3.1. Krisen-Pressekonferenz

Die rechtzeitig im Falle einer sich anbahnenden Krise einberufene Pressekonferenz soll verhindern, daß durch einseitige Informationen der Medien eine falsche Beurteilung in den Vordergrund tritt. So sollen geeignete Maßnahmen zur Milderung oder Abwehr einer Krise frühzeitig erörtert und in die Öffentlichkeit gelangen. Pressekonferenzen in Krisenzeiten oder in Zeiten sich anbahnender Krisen können frühzeitig freiwillig stattfinden, also vor Eintritt der wahrscheinlichen Krise, müssen aber dann veranstaltet werden, wenn der Eindruck, die Tatsachen oder/und Fakten einer Krise für die breite Öffentlichkeit bereits zu erkennen sind.

Krisen verursachen in der Öffentlichkeit eine erhöhte Aufmerksamkeit, da sie die Gefahr negativer Auswirkungen innehaben. Deshalb haben sie in der Berichterstattung der Medien immer eine besondere Priorität. Oft werden Krisensituationen vereinfacht dargestellt, und es wird aus der Opferperspektive berichtet.

Diese Sicht der Dinge ist für ein Krisenmanagement nicht hilfreich, aber von den Veranstaltern einzuplanen. Boulevardmedien sind dafür bekannt, daß sie Krisen hochstilisieren, um damit den "Aufmacher" zu haben. Krisenjournalismus ist heute zu einem festen Begriff in der Medienlandschaft geworden. Krisen-Pressekonferenzen müssen daher besonders sorgfältig und verantwortungsbewußt vorbereitet und veranstaltet werden.

Um das Krisenthema offensiv in die Öffentlichkeit zu tragen und die bereits bekannten Fakten zu erläutern, muß die Pressekonferenz das erste, sich unmittelbar an die Medien wendende Informationsinstrument sein. Sie muß verhindern, daß Fehlinterpretationen von seiten der Medien zu Legendenbildungen führen und sich so in der Öffentlichkeit ein falsches Bild der Lage ergibt. Die Krisen-Pressekonferenz muß aber auch dazu beitragen, mit sachlichen Fakten ohne Mystifikation, Lügen oder Verschweigen die Krise klar und unmißverständlich zu beschreiben. Die Pressekonferenz im Krisenfall muß klare Aussagen darüber machen, wie die Krise angegangen wird und welche Lösungswege sich dabei abzeichnen.

---

**Beispiel:**

In einer Stadt wurde durch einen Störfall in einem Chemiewerk eine Tonne dioxinhaltiger Staub freigesetzt und damit weite Teile der Stadt verunreinigt. In einer Nacht- und Nebelaktion versuchten die Verantwortlichen die betroffenen Gebiete zu reinigen, ohne die Öffentlichkeit zu informieren. Natürlich wurde die Öffentlichkeit darauf aufmerksam. Die Hauptkritik der Medien richtete sich vor allem gegen die Verschleierungstaktik des Unternehmens und der Stadtverwaltung.

Erst drei Tage nach dem Störfall nahmen Stadt und Unternehmen in einer Pressekonferenz dazu Stellung. Zu spät. Besser wäre es gewesen, wenn unmittelbar nach dem Störfall die Öffentlichkeit informiert worden wäre.

Die Krisen-Pressekonferenz muß eine aktive, glaubwürdige und offene Informationspolitik anstreben. Befürchtungen und Ängste der Öffentlichkeit und der Journalisten müssen ernst genommen werden. Es wäre völlig falsch, eine vorhandene Krise herunterzuspielen.

Während der Krisen-Pressekonferenz muß eine umfassende Erklärung zur Krisenursache abgegeben werden. Die Erklärung muß die Art, das Eintreten und den Umfang der Krisensituation schildern. Sollten die Ursachen zum Zeitpunkt der Pressekonferenz bereits feststehen, so müssen auch diese genannt werden. Dazu gehören auch Informationen über bereits eingeleitete Maßnahmen, um die Krise einzudämmen bzw. sie zu beseitigen. Wichtig ist, dabei darauf hinzuweisen, daß diese Erklärung alle derzeit zur Verfügung stehenden Informationen und Erkenntnisse enthält.

---

### Mitteilungen in der Krisen-Pressekonferenz

- umfassende Erklärung zur Ursache der Krise,

- alle derzeit vorliegenden Informationen und Erkenntnisse,

- Art, Eintreten und Umfang der Krise,

- Dauer und evtl. möglicher Verlauf der Krise,

- Gefährdungspotentiale für die Bevölkerung,

- Bekanntgabe von Notrufnummern für Betroffene,

- Umfang und Zahl der Einsatzkräfte,

- Information über bereits eingeleitete Maßnahmen,

- mögliche, zur Zeit absehbare Folgeschäden,

- Verhaltensmaßregeln für die betroffene Bevölkerung.

Es dürfen nur Fragen beantwortet werden, zu denen zum Zeitpunkt der Pressekonferenz Informationen vorliegen. Pressesprecher müssen sich genau an einen Informationsplan halten, da ansonsten die Kontrolle über den Ablauf der Pressekonferenz nicht mehr gewährleistet ist. Eine besonders gewissenhafte und sensible Auswahl ist hinsichtlich der Personen zu treffen, die während einer Krisen-Pressekonferenz Stellungnahmen abgeben oder aber als Sprecher/Sprecherinnen immer wieder aktuell informieren.

Die Informationspolitik in Krisenzeiten kann es erforderlich machen, daß innerhalb bestimmter, nicht zu langer Zeiträume, regelmäßig neue Pressekonferenzen veranstaltet werden, um über den aktuellen Stand zu informieren. Da Krisen für die Öffentlichkeit von großem Interesse sind, müssen die Medien immer wieder kurzfristig berichten, egal ob aktuelle Nachrichten vorliegen oder nicht.

Mit kurzfristig veranstalteten Pressekonferenzen wird auch erreicht, daß in der Zwischenzeit die Arbeiten zur Bewältigung der Krise nicht durch Journalisten behindert werden, da das Informationsbedürfnis durch eine aktuelle Pressearbeit berücksichtigt wird. Je nach Art der Krise ist es erforderlich, Pressekonferenzen in einem Abstand von maximal sechs Stunden einzuberufen. Beim Eintritt einer großen Krisen, z.B. eines Unglücksfalles, kann der Zeitraum noch kürzer sein. Neue, aktuelle Entwicklungen machen es erforderlich, kurzfristig weitere Pressekonferenzen zu veranstalten. Auf Einladungsfristen kann in diesem Fall keine Rücksicht genommen werden, da die Medien bereits vor Ort bzw. darauf eingestellt sind, den Veranstaltungsort aufgrund der Ereignisse schnell zu erreichen.

Ist während der Krise der fortwährende Aufenthalt der Medien vor Ort erforderlich, so müssen entsprechende Räumlichkeiten (Pressezentrum) zur Verfügung gestellt werden, um die Arbeit zu erleichtern. Dazu gehören auch die Betreuung und Verpflegung der Journalisten.

# 4. Thema

> Die Pressekonferenz hat nur ein Thema. <

Eine Pressekonferenz darf **grundsätzlich** nur ein Thema behandeln. Dies gilt für 99 Prozent aller Pressekonferenzen. Ausnahmen sind Bundes- und Landespressekonferenzen, die über mehrere Beschlüsse des Kabinetts oder der Parlamente berichten. Auch die Jahresauftakt-Pressekonferenz hat nur ein Thema, obwohl sie viele Themenbereiche anspricht. Das Thema in der Einladung ist aber nur z.B. "Das Neue Jahr 2002".

Der Grund für die Erörterung nur eines Themas in einer Pressekonferenz ist leicht nachvollziehbar. In den Medien gibt es für die verschiedenartigen Themen unterschiedliche Redaktionen und Fachjournalisten. Kaum eine Redaktion kann es sich zeitlich leisten, mehr als einen Journalisten zu ein und der derselben Pressekonferenz zu entsenden, da eine Beeinträchtigung der redaktionellen Arbeit die Folge wäre. Andere ebenso wichtige Pressetermine könnten evtl. nicht mehr wahrgenommen werden. Bei mehreren Themen besteht zudem die Gefahr, daß im Verhältnis zueinander ein Thema wichtiger erscheint als das andere. Durch die anschließende Berichterstattung der Journalisten werden mit Sicherheit Prioritäten in der Bewertung der Themen gesetzt.

Bei mehreren Themen wird es immer ein Thema geben, das in der Wertigkeit gegenüber anderen Themen zurücksteht. Das populärere Thema wird die Berichterstattung steuern, das weniger populäre Thema am Rande oder überhaupt nicht Erwähnung finden.

Aber auch die Erörterung eines populären Themas neben anderen Themen kann negative Auswirkungen haben, da die Maximalzeit einer Pressekonferenz nicht überschritten werden darf, egal ob ein oder mehrere Themen erörtert werden. Weniger Zeit für das wichtige Thema bedeutet auch weniger Fakten oder keine ausreichende Zeit für die Fragen der Journalisten. Auch wenn es immer wieder verlockend ist, mehrere Themen vorzustellen oder sogar kurzfristig während der Pressekonferenz ein zusätzliches Thema anzusprechen, die gesamte Berichterstattung wird davon negativ beeinflußt, der "Output" für eine Veröffentlichung ist unzureichend.

Oft ist es Unternehmenchefs oder Behördenleitern schwer zu erklären, warum teilnehmende Journalisten aus Wirtschaftsredaktionen nicht gleichzeitig über kulturelle

Ereignisse berichten können oder warum sie nicht auch für Nachrichten aus dem Bereich des Sports Interesse haben. Erläuterungen zu dem Aufbau und zur Organisation von Medien können helfen, Verständnis zu schaffen.

Im Umkehrschluß bedeutet dies für Journalisten, daß sie nur Fragen zum Thema der
Pressekonferenz stellen dürfen. Fragen zu einem nicht zum Inhalt der Pressekonferenz gehörenden Thema sind nicht erlaubt und müssen sofort mit einem entsprechenden Hinweis abgeblockt werden.

## 4.1. Pressekonferenzen vermitteln Nachrichten

Informationen müssen immer eine Nachricht enthalten. Dieser Grundsatz aus der
täglichen journalistischen Arbeit gilt auch für Pressekonferenzen. In Anbetracht des
organisatorischen, zeitlichen und personellen Aufwandes einer Pressekonferenz muß
er die Basis des Handelns sein.

**Abbildung 3: Nachricht in einer Pressekonferenz**

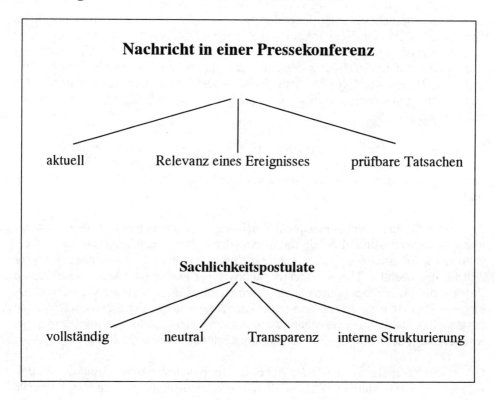

Für die Nachricht gilt die Anforderung der Aktualität.[12] Auch die Themenvermittlung in der Pressekonferenz muß immer den Anspruch der **konkreten** oder **latenten Aktualität** erfüllen. Die Aktualität beinhaltet die **Neuigkeit** einer Information.

---

## Aktualität

**konkrete Aktualität** = die vorhandene, gegenwärtige Aktualität, die neue Informationen beinhaltet;

**latente Aktualität** = eine verborgene, sich noch in der Entwicklung befindliche Aktualität;

**abstrakte Aktualität** = weit entfernte, nur gedachte Wirklichkeit.

**Beispiel:**

1. Eine Pressekonferenz in Anbetracht eines sich nähernden Orkans, der schwere Schäden befürchten läßt, ist zum Zeitpunkt der Entstehung des Orkans **latent**, aber wegen der befürchteten Schäden wiederum so konkret, daß die Anforderung der Aktualität gegeben ist.

2. Evtl. zu befürchtende wirtschaftliche Einbrüche eines Unternehmens aufgrund politischer Entwicklungen rechtfertigen noch **keine konkrete** Aktualität für eine Pressekonferenz, da sie höchstens eine **abstrakte Aktualität** beinhalten. **Latent** wäre sie, wenn bereits in der Vergangenheit gleiche Voraussetzungen zu wirtschaftlichen Einbrüchen führten und dies bei objektiver Beurteilung der Sachlage wieder zu erwarten ist.

---

[12] Journalistische Lehre.

Nachrichten zum Thema einer Pressekonferenz, die bereits im Vorfeld in die Öffentlichkeit gelangten und veröffentlicht wurden, können keine Neuigkeiten mehr vermitteln. Aber eine Neuigkeit allein ist noch nicht ausreichend. „Damit", so stellen Nowag/Schalkowski[13] fest, „hat es aber nicht sein Bewenden." Die Neuigkeit eines Ereignisses allein macht noch keine Nachricht. Es muß die **Relevanz eines Ereignisses** hinzukommen, um von nachrichtlicher Aktualität zu sprechen." Es muß sich also um denjenigen Teil einer Information handeln, der zur Verdeutlichung eines Sachverhaltes beiträgt. „Der Inhalt einer Nachricht", stellen Nowag und Schalkowski weiter fest, „muß **überprüfbar** sein."

Auf die Pressekonferenz bezogen, bedeutet dies, daß in einer Pressekonferenz primär nur **Tatsachen** weitergegeben werden dürfen. Natürlich ist die Pressekonferenz auch dazu geeignet, über bestimmte Ursachen, Zusammenhänge und Hintergründe zu berichten. Die Nachricht muß dabei allerdings im Vordergrund stehen. Das Postulat von **Aktualität/Neuigkeit, Relevanz und Tatsache** gilt für alle Nachrichten, die in einer Pressekonferenz vermittelt werden. Kann diese Maxime nicht erfüllt werden, ist eine Pressekonferenz überflüssig.

So wie für die Nachricht gelten auch einige der **Sachlichkeitspostulate** für die Pressekonferenz. Dazu gehören die **relative Vollständigkeit**, die **Transparenz**, die **Neutralität** und die **interne Strukturierung**.

Das Postulat der **relativen Vollständigkeit** verlangt, daß Informationen so vollständig wie möglich gegeben werden müssen. Nebensächlichkeiten und Ausschmückungen sind der Informationsvermittlung abträglich. Kürzungen oder das Verschweigen bestimmter Informationen dürfen nicht dazu führen, daß die Wahrheit beeinträchtigt oder der Sinn der Nachricht entstellt wird.

„Die **Transparenz** bezieht sich auf die Quellen einer Information." Nowag und Schalkowski stellen fest, daß die Quelle einer Information zu nennen und bei widersprüchlicher Quellenlage die Widersprüchlichkeit angemessen zu behandeln sei.

Zum **Neutralitätspostulat** gehören "die Wahl neutraler Begriffe" und "eine möglichst emotionsfreie Behandlung des nachrichtlichen Stoffes". Neben diesen nachrichtlichen Kriterien sollte zusätzlich eine weitere Anforderung der Nachricht beachtet werden. Das Hauptkriterium dafür ist die Relevanz der Teilthemen für die innere Strukturierung.[14]

---

[13] Nowag, W./Schalkowski, E., Kommentar und Glosse, UVK Medien, Konstanz 1988, S. 43.
[14] Ebenda, S. 44.

## 4.2. Informationen vor der Pressekonferenz

Erste Informationen zum Thema einer Pressekonferenz werden von Journalisten häufig bereits vor dem Termin der Pressekonferenz erbeten. Je nach Interessenlage der anfragenden Journalisten müssen zusätzliche Erläuterungen zum Thema gegeben werden, oder es werden Hintergründe erfragt. Grundsätzlich können erklärende Hinweise zum Thema der Pressekonferenz gegeben werden. Es ist nicht unhöflich, bei derartigen Anfragen darauf hinzuweisen, daß über den Inhalt erst in der Pressekonferenz umfassend berichtet wird. Journalisten sind Kenner der Medienszene und werden für diesen Hinweis Verständnis haben. Ein korrelates Verfahren würde andere Journalisten benachteiligen und die Pressekonferenz hinfällig werden lassen.

Soll verhindert werden, daß ein Thema vor dem Termin einer Pressekonferenz in den Medien genannt wird – zum Beispiel: „In Wuppertal findet heute um elf Uhr eine Pressekonferenz zur Eröffnung des neuen Stadttheaters statt." –, so muß ein entsprechender Hinweis in der Art eines Sperrvermerks (s. Kapitel 5.7) auf der Einladung vorhanden sein: **„Bitte das Thema der Pressekonferenz nicht vor dem Termin veröffentlichen."**

# 5. Einladung

Zu einer Pressekonferenz wird eingeladen. Dafür sind verschiedene Form- und Fristregeln zu beachten. Die Einladung muß im Tenor die höfliche Bitte beinhalten, an der Pressekonferenz teilzunehmen. Auch ein Nachfassen, um festzustellen, wer teilnimmt, muß immer den Grundsatz der Freiwilligkeit der Teilnahme beachten.

## 5.1. Tag und Uhrzeit

Journalisten sind in ihrer Arbeit einem strikten Tagesablauf unterworfen, der sich an festen Terminen orientiert. Der Arbeitstag beginnt für die meisten Journalisten mit der täglichen Redaktionskonferenz. Sie findet in den meisten Redaktionen zwischen 9.00 Uhr und 10.30 Uhr statt. In dieser Zeit ist es den Journalisten nur in wichtigen Ausnahmefällen möglich, die Redaktion zu verlassen.

---

**Beispiel:**

Eine städtische Gesellschaft wollte eine Pressekonferenz an einem Montag um 10.00 Uhr veranstalten. Ein erfahrener Pressesprecher vor Ort, der um Rat gefragt wurde, wies auf die unglückliche Zeitplanung hin. Der Organisator ignorierte diesen Hinweis und fragte in der Redaktion der Lokalzeitung nach. Dort wurde ihm signalisiert, daß der Termin gut wäre.

Ergebnis: Außer dem befragten Redakteur nahmen keine weiteren Journalisten teil. Die Nachfrage hatte der Redakteur in Kenntnis des für andere Journalisten unglücklichen Termins als Vorteil für sich genutzt. Auf einfache Art und Weise hatte er sich ein Exklusivrecht gesichert.

---

Auch in der Zeit zwischen der Mittagspause und dem Abend sind Journalisten nicht begeistert, Außentermine wahrzunehmen, da nach der Mittagspause der Zeitpunkt immer näher rückt, zu dem die Zeitung fertig werden muß. In dieser Zeit müssen Ar-

tikel geschrieben und letzte Recherchen vorgenommen werden, gehen kurzfristig
Nachrichten ein, die für die Ausgabe des nächsten Tages aufbereitet werden müssen.

---

Alle zeitlichen Vorschläge sind **Empfehlungen** aus der Praxis. Örtliche, regionale oder thematische Besonderheiten können immer **Ausnahmen** zulassen. Ausnahmen sollten genau geprüft und mit mehreren Journalisten be-
sprochen werden.

---

Ähnliche Abläufe gibt es auch in Hörfunk- und Fernsehredaktionen, da die regionalen
und überregionalen Nachrichtensendungen meist in den späten Nachmittags- und
Abendstunden liegen. Dies bedeutet nicht, daß es völlig ausgeschlossen ist, in den
Nachmittagsstunden Pressekonferenzen zu veranstalten. Diese müssen allerdings einen **besonders** aktuellen Anlaß haben oder es müssen **Umstände** vorliegen, die es
unmöglich machen, bereits am Vormittag die Pressekonferenz zu veranstalten. Trotz
einer nachvollziehbaren Begründung für eine Pressekonferenz in den Nachmittagsstunden sollten Veranstalter damit rechnen, daß aus den bereits erläuterten Gründen
nicht alle erwarteten Journalisten teilnehmen können.

Werden die Redaktionsabläufe zugrunde gelegt, so ist zu verstehen, daß der ideale
Zeitpunkt für den Beginn einer Pressekonferenz zwischen frühestens 10.30 Uhr und
spätestens 11.30 Uhr liegt.

---

**>11.00 Uhr ist der optimale Zeitpunkt für eine Pressekonferenz<**

---

Vor der endgültigen Festsetzung des Termins einer Pressekonferenz muß geprüft
werden, ob am gleichen Tag und vielleicht sogar zur gleichen Stunde andere Pressekonferenzen stattfinden. Mit Rücksicht auf andere Veranstalter – Konkurrenzsitua-
tionen haben negative Auswirkungen für alle – muß in solchen Fällen ein anderer
Termin gewählt werden.

Um Terminüberschneidungen zu vermeiden, sollte in den örtlichen Redaktionen
nachgefragt werden, ob zum beabsichtigten Zeitpunkt bereits Einladungen für andere
Pressekonferenzen vorliegen. In den meisten Fällen können die Mitarbeiter im Redaktionssekretariat einen Überblick über feststehende Termine für Pressekonferenzen

geben. Auch überregionale Redaktionen helfen in derartigen Fällen gern weiter, da Terminüberschneidungen für alle wenig hilfreich sind.

Nicht wünschenswert sind auch mehrere Pressekonferenzen des gleichen Veranstalters zu verschiedenartigen Themen am selben Tag. In derartigen Fällen werden Medien einen Schwerpunkt für die Teilnahme und in der Berichterstattung setzten.

Als Veranstaltungstage eignen sich am besten Dienstag, Mittwoch oder Donnerstag. Der Montag ist nicht besonders geeignet (Ausnahme Messen; Kapitel 3.4.1.3), da die Themen des Wochenendes aufbereitet und die Planungen für die Woche fixiert werden. Vorsicht ist geboten, wenn dem Tag der Pressekonferenz ein Feiertag folgt, da ähnlich wie am Freitag die Gefahr besteht, daß Themen zeitlich verzögert veröffentlicht werden. Der Freitag ist für eine Veranstaltung grundsätzlich nicht zu empfehlen. An diesem Tag werden in den Redaktionen der Printmedien die umfangreichen Wochenendausgaben mit Sonderberichten und Sonderseiten vorbereitet, Hörfunk- und Fernsehredaktionen planen ihre Wochenendsendungen.

Themen der Pressekonferenzen, die an einem Freitag präsentiert werden, haben nur eine geringe Chance,[15] am Sonnabend veröffentlicht oder ausreichend dargestellt zu werden. Die Gefahr ist groß, daß sie erst am Montag oder vielleicht sogar erst am Dienstag veröffentlicht werden.

---

### Ausnahme!

Besonders interessante und aktuelle Themen können allerdings auch am **Freitagvormittag** in einer Pressekonferenz vorgestellt werden. Für die Bedeutung des Themas müssen sehr enge Maßstäbe angelegt werden. Aus objektiver Sicht muß das Thema so interessant sein, daß kein Journalist daran vorbei kommt, das Thema sofort zu veröffentlichen. Ist diese Voraussetzung gegeben, können durch die besonders hohe Auflagen der Sonnabendausgaben mehr Leser erreicht werden als an anderen Tagen der Woche.


### Wichtig!

Werden Pressekonferenzen an einem Freitag veranstaltet, muß sichergestellt werden, daß Ansprechpartner des Veranstalters auch am Nachmittag noch für Rückfragen der Journalisten zur Verfügung stehen.

---

[15] Ausnahme: regionale Besonderheiten.

Eine weitere Ausnahme für die Terminierung an einem **Freitagnachmittag** sind Pressekonferenzen im Anschluß an wichtige Konferenzen, Sitzungen oder Verhandlungen, die aktuelle, wichtigen Ergebnisse bringen. Eine vorhandene wichtige **Aktualität** ist immer ein Grund, ein Thema noch kurz vor Redaktionsschluß in die Berichterstattung aufzunehmen und dafür andere Themen zu "kippen". Die plötzlich entstehende, besonders öffentlichkeitswirksame Aktualität macht es **immer** erforderlich, daß Pressekonferenzen auch am Freitag oder in den Mittags-, Nachmittags- oder Abendstunden veranstaltet werden müssen. Das Thema muß allerdings so aktuell sein, daß eine zeitlich spätere Pressekonferenz ein Interesse der Medien ausschließt bzw. sich die Medien die Informationen aktuell anderweitig beschaffen.

## 5.2. Frist und Form

Eine Pressekonferenz muß rechtzeitig geplant und vorbereitet werden. Die ideale Einladungsfrist beträgt 14 Tage, die Mindestfrist 7 Tage vor der Veranstaltung. Kürzere Einladungsfristen sind bei besonders akuten, aktuellen Ereignissen erforderlich. Handelt es sich um Pressekonferenzen mit internationaler Ausrichtung, zu der auch im Ausland arbeitende Journalisten eingeladen werden sollen, muß die Einladung mindestens vier Wochen vorher erfolgen. Der zur Zeit üblichen Praxis folgend, sollten Einladungen gefaxt werden. Eine Einladung durch E-mail ist noch nicht zu empfehlen, da die überwiegende Zahl der Journalisten noch keine Pressemitteilungen oder Einladungen aus der Mailbox beziehen. Dieses Verfahren darf nur zusätzlich erfolgen.

Ist eine besondere Aktualität gegeben und eine Pressekonferenz noch am gleichen Tag notwendig, so muß den benachrichtigten Journalisten genügend Zeit gegeben werden, in angemessener Zeit zum Konferenzort zu gelangen. Maßstab hierfür sind die am weitesten entfernt arbeitenden Journalisten, die regelmäßig an bereits veranstalteten Pressekonferenzen teilgenommen haben.

---

> **> Einladung zur Pressekonferenz 14 Tage vorher <**

---

## 5.3. Zielgruppen

Bevor Einladungen zu einer Pressekonferenz verschickt werden, muß detailliert die Zielgruppe der einzuladenden Journalisten bestimmt werden. Alle erreichbaren Medien, Presseagenturen und freien Journalisten, die an dem Thema der Pressekonferenz Interesse haben könnten, sollten eingeladen werden. Auf eine Einladung haben auch zusätzlich diejenigen Journalisten einen Anspruch, die von sich aus bereits in der Vergangenheit Interesse an Einladungen für Pressekonferenzen angemeldet haben.

Für große überregionalen Medien, z.B. Spiegel, Focus, Stern, ZDF etc., sollte genau abgewägt werden, ob eine Teilnahme realistisch ist. Eine Einladung ist keine Garantie für die Teilnahme. Kein Redakteur der Süddeutschen Zeitung reist z.B. für eine Pressekonferenz zum Thema "Neues Tourismuszentrum auf Helgoland" von München in den Norden, es sei denn, es handelt sich um eine international einzigartig zu bewertende Sensation. Aber auch in diesem Fall wird wohl ein Korrespondent in der Nähe die Berichterstattung übernehmen.

Entsprechend den Erfahrungen mit den Teilnehmerzahlen verschiedener Pressekonferenzen unterschiedlicher Veranstalter darf eine Teilnehmerzahl zwischen zehn bis dreißig Journalisten als gut gewertet werden. Eine Teilnehmerzahl von über dreißig Journalisten ist als sehr gut zu werten. Sie wird in der Regel aber nur bei großen Veranstaltungen und überregional bedeutenden Themen erreicht.

Überregionale Medien bedienen sich in der Regel der Berichterstattungen durch Agenturen. Ist das Thema der Agenturmeldung interessant, so kann es in der Folge noch zu weiteren Berichterstattungen der verschiedenen Medien kommen, die nicht an der Pressekonferenz teilgenommen haben. Die journalistische Arbeit ist mit dem Ende der Pressekonferenz nicht abgeschlossen. Oft ist dies erst der Auftakt für die weitere Berichterstattung.

Die Einladung darf sich nicht an eine Auswahl positiv berichtender, **handverlesener** Journalisten richten. Einzelne Journalisten dürfen nicht "aussortiert" werden, vielleicht, weil sie in der Vergangenheit oft kritisch berichtet haben oder weil dem Veranstalter aufgrund der Fragestellungen bei vergangenen Pressekonferenzen einzelne Journalisten nicht paßten. Mit Sicherheit hat dies einen Solidarisierungsprozeß der anderen Journalisten zur Folge. Nicht korrekt und den Zielen einer Pressekonferenz zuwider laufend ist es auch, nur örtliche Medien oder bestimmte örtliche Medien einzuladen, um diesen einen Informationsvorteil zu gewähren.

Tricks, um bestimmte Journalisten in Pressekonferenzen "auszuschalten", werden schnell durchschaut, außerdem sind sie in der Szene bekannt. So gibt es Taktiken, die das Ziel haben, daß es zu einer negativen Beeinflussung bestimmter Journalisten während einer Pressekonferenz kommt. Professionell arbeitende Pressesprecher haben es nicht nötig, in die Trickkiste zu greifen. Derartige Vorgehensweisen müssen für alle Veranstalter von Pressekonferenzen "out" sein. Die Folgen können so schwerwiegend sein, daß die gesamte Pressearbeit der Veranstalter in der Zukunft darunter leidet.

Einblicke in die Vorurteile von Journalisten, aber auch in unlautere Methoden von nicht professionellen Veranstaltern von Pressekonferenzen geben folgende Ausführungen:

## Partnerschaft mit Ecken und Kanten[16]

Pressestellen geben nur ungern zu, daß sie den einen oder anderen Journalisten als Querulanten empfinden. Noch seltener gewähren sie Einblick in ihre Trickkiste, wie man den "Störenfried" zum Schweigen bringen kann. Dabei sind einige Tricks, die in der Praxis gang und gäbe sind – auch wenn sie kaum einer beim Namen nennt.

**Trick 1:** Kritisch eingeschätzte Journalisten werden erst gar nicht eingeladen. Nur handverlesene, den Veranstaltern als wohl gesonnen bekannte Journalisten dürfen sich den Großen nähern. Eine Strategie, auf die etwa Ex-Bundeskanzler Kohl und seine Berater vertrauten.

**Trick 2:** Unliebsame Journalisten werden in der Fragestunde ignoriert. Der Pressesprecher oder ein vom Veranstalter gebriefter Moderator erteilt das Wort nur an Ausgewählte.

**Trick 3:** Bei vorgegebener Sitzordnung werden unliebsame Gäste auf unattraktiven Plätze nach hinten plaziert. Den vermeintlichen Querulanten werden vom Veranstalter bezahlte Experten oder gar positiv gesinnte Journalisten an die Seite gestellt – quasi als Aufpasser.

**Trick 4:** Da Informationen heute käuflich sind, glauben dies manche auch von ihren Vermittlern: Wenn nichts mehr hilft, setzen gewisse Pressestellen gelegentlich auf kleine oder auch größere Bestechung. Nicht immer derart plump, daß der Journalist einen Umschlag mit Blankoscheck auf dem Nachttisch findet: Die Erstattung von Reisespesen oder das Angebot eines Exklusivinterviews mit der als Presseschau geltenden grauen Eminenz können da wahre Wunder wirken."

---

[16] Medienpraxis, journalist, 10/97, S. 6.

Es soll auch vorkommen, daß Veranstalter gekaufte Fragesteller unter den Journalisten plazieren, um so eine Pressekonferenz positiv zu beeinflussen. Wird ein solches Verfahren erkannt, ist der positive Ablauf gefährdet. Um es klar und unmißverständlich auszudrücken: Wer derartige Tricks anwendet, wird vielleicht kurzfristig einen kleinen, aber unseriösen Erfolg verbuchen. Langfristig gesehen, wird die Pressearbeit scheitern und erfolglos sein, da sich die unkorrekte Behandlung von Journalisten rasch herumspricht. Journalisten durchschauen schnell derartige Tricks, da sie über einschlägige Erfahrungen verfügen. Wer so handelt, legt den Grundstein für eine dauerhaft kritische und negative Berichterstattung.

Über die unter Trick 4 aufgeführten Handlungsweisen darf es keine Diskussion geben. Wer so verfährt, bringt sich oder andere in Verruf. Für Bentele[17] sind derartige Verhaltensweisen[18] "der Ausdruck fehlender Professionalität und Seriosität", die zudem "unseriös und kontraproduktiv" sind.

---

**Journalisten und anderen Redaktionsvertretern darf für die Teilnahme an Pressegesprächen/Pressekonferenzen kein Honorar gezahlt werden.**

(Richtlinien Deutscher Presserat/Deutscher Rat für Public Relations)

---

## 5.3.1. Presseverteiler

Grundvoraussetzung für zielgerichtete Einladungen ist ein aktueller Presseverteiler. Er ist einer der wichtigsten Arbeitsgrundlagen einer Pressestelle. Presseverteiler sind nach den jeweiligen Anforderungen in einer Pressestelle aufgebaut. Dazu gehören lokale, regionale, überregionale, aber auch europa- oder weltweit definierte Verteiler. Für speziellen Themen, wie z.B. Wirtschaft, Sport oder Kultur, müssen Verteiler mit entsprechenden Fachredaktionen und Fachmedien aufgebaut werden.

---

**> Basis ist ein gut aufgebauter und gepflegter Presseverteiler. <**

---

[17] Lehrstuhl für Öffentlichkeitsarbeit/PR an der Universität Leipzig und Geschäftsführender Direktor des Instituts für Kommunikations- und Medienwissenschaft.
[18] Medienpraxis, journalist, 10/1997.

Die beste Pressemeldung ist erfolglos, wenn sie nicht an die richtigen Empfänger gelangt. Ein effektiver Presseverteiler ist die Voraussetzung dafür, daß die Medienarbeit den unterschiedlichsten Belangen der Redaktionen gerecht wird.

Unerläßliche Hilfen für den Aufbau eines zielgerichteten Presseverteilers sind Nachschlagewerke,[19] in denen Adressen der Medien genannt sind und die immer wieder aktualisiert werden können. Adressensammlungen gibt es in Buchform, als Loseblattsammlung oder als Offline-Datenbank auf CD-ROM. Weit über 10.000 Medien sind in den bekanntesten Nachschlagewerken verzeichnet.

Der STAMM orientiert sich dabei stärker an der Vollständigkeit der Adressen von Medien und ihren Verlagen. Beim ZIMPEL stehen die Ansprechpartner für bestimmte Themen in den einzelnen Redaktionen im Vordergrund.[20] Ein Update einer CD-ROM Version wird alle zwei Monate angeboten. Für die praktische Arbeit sollten beide Angebote, also STAMM und Zimpel, nicht fehlen, da diese sich ergänzen und jeder für sich spezielle Informationen bietet. Angemerkt sei, daß ein Update über CD-ROM nicht billig ist und im Jahr über DM 1.000 kostet.

Unerläßlich ist aber eine eigene Aktualisierung. Durch den Kontakt zu den Medien kommt es täglich zu neuen Adressen oder Adressenänderungen.

Eine Einladung muß die unterschiedlichen Fachredaktionen erreichen. In den meisten Zeitungshäusern, Hörfunk- oder Fernsehsendern gibt es mehrere Redaktionen, die Interesse an der Einladung zu einer Pressekonferenz haben könnten. Es reicht daher nicht aus, eine Einladung an die Zentralredaktion zu senden oder darauf zu hoffen, daß eine Redaktion die Mitteilung an andere Redaktionen weiterleitet. Die Kenntnis der Redaktionsstrukturen garantiert, daß Einladungen nicht oder zu spät in die richtigen Redaktionen gelangen.

Ein Presseverteiler muß vielschichtig aufgebaut sein, um die Zielrichtung der eigenen Arbeit zu berücksichtigen. Nur ein regelmäßiges Update sichert die Aktualität der vorhandenen Adressen. Der Presseverteiler ist ein Produkt eigener Ideen. Er sollte Eigentum der jeweiligen Pressestelle bleiben und nicht für andere frei verfügbar sein, da er auch Namen von Journalisten enthält, zu denen ein besonderer persönlicher Kontakt besteht.

Ein Presseverteiler berücksichtigt alle für den Veranstalter wichtigen Medien nach geographischen und themenspezifischen Gesichtspunkten. Dazu gehören Lokalzeitungen, lokale und regionale Anzeigenblätter, Stadtteil- und Ortsteilzeitungen, Regionalzeitungen, bundesweit erscheinende Zeitungen (einschließlich Boulevardzeitun-

---

[19] Verlag Dieter Zimpel, Angererstr. 36, 80796 München.
   STAMM Verlag, Goldammerweg 16, 45134 Essen.
[20] Thomas Korn, Nachschlagewerke – Offline, Medien, IG Medien, 3/1997, S. 36.

gen), Nachrichtenmagazine, Zeitschriften (auch Illustrierte und Bunte Blätter), Fachzeitschriften (z.B. Sport, Hobby), die internationale Presse, Fachpresse (Wirtschaft, Kultur, Wissenschaft etc.), die Verbandspresse (Fachpresse von Parteien, Gewerkschaften, IHKs, Organisationen und Institutionen) Hörfunk und Fernsehen, freie Journalisten und Online-Redaktionen.

---

### Presseverteiler

- Geographischer Verteiler mit lokalen Medien und denen des Nahbereichs,

- regionale und überregionale Medien,

- bedeutende Medien in Europa,

- bedeutende Medien in der übrigen Welt,

- Verteiler für Fachredaktionen,

- Verteiler für Projekte oder Veranstaltungen,

- Verteiler für persönlich bekannte Journalisten.

---

## 5.3.2. Geographische Presseverteiler

**Lokale Medien** sind solche des nahen Umfelds. Wie weit der Bogen dabei zu spannen ist, kann nicht generell festgelegt werden. Die spezifischen Begebenheiten müssen berücksichtigt werden. Aus der Erfahrung der Veröffentlichungen bzw. aus dem Feedback mit den einzelnen Medien kann ein effektiver Presseverteiler entwickelt werden.

**Regionale Medien** sind jene, die in einem bestimmten, größer als lokal abgegrenzten Gebiet vorhanden sind. Ein solches Gebiet können Bundesländer, eine Region wie das Ruhrgebiet, ein Kammerbezirk der Industrie und der Handelskammer (IHK), der norddeutsche oder süddeutsche Raum, etc. sein. Die gewählte Region darf gerade so groß sein, daß die Medien aufgrund vorhandener, immer wiederkehrender Bezüge, noch Interesse an einer Veröffentlichung haben.

In den Landeshauptstädten oder wichtigen Städten haben bedeutende, bundes- und europaweit agierende Medien ihre Korrespondentenbüros. Auch diese haben Interesse an wichtigen Pressekonferenzen. Eine Region kann sich auch in den Grenzbereich anderer Regionen hinein bewegen (andere Bundesländer, Staaten), wenn ein journalistisches Interesse vorhanden ist.

Der **überregionale Presseverteiler** enthält Medienadressen des gesamten Bundesgebiet, Europas und der Welt. Es handelt sich bei diesen Medien um bedeutende Medien, z.B. Süddeutsche Zeitung, Welt, Deutschlandradio, Deutsche Welle (weltweit) und ähnliche. Die Themen der Pressekonferenzen müssen den Ansprüchen der nationalen und internationalen Ausrichtung gerecht werden. Sie müssen einen bedeutenden überregionalen Informationsgehalt haben.

Eine Pressekonferenz zu einer Unternehmensansiedlung mit einer Investitionssumme in Millionenhöhe mit der Schaffung von mehreren Hundert Arbeitsplätzen ist auch für überregionale Medien interessant.

---

**Beispiel:**

In einer größeren Stadt wurde vor einigen Jahren ein eher drittklassiges Filmfestival neu veranstaltet. Der zuständige Kulturdezernent war der Meinung, daß alle großen Medien darüber berichten müßten und zu einer Pressekonferenz bundesweit eingeladen werden sollte.

Die Nachforschungen des Pressesprechers ergaben, daß aktuell bereits über 200 Filmfestivals in Deutschland veranstaltet wurden. Dies war natürlich auch den Medien bekannt, und so verwundert es nicht, daß nur lokale und einige regionale Medienvertreter an der Pressekonferenz teilnahmen.

---

Menschen mit neuen Ideen und neuen Veranstaltungen fehlt oft aus einem verständlichen Fanatismus die objektive Sichtweite. Sie sind von ihrer Idee so überzeugt, daß der Realitätsbezug verlorengehen kann. Dazu kommt häufig noch ein Drang zur Selbstdarstellung, der leicht im Vordergrund der Pressekonferenz stehen kann. Die Aufgabe von Pressesprechern ist es also auch, den Veranstaltern die realen Chancen zu erläutern. Da der "Prophet oft nicht im eigenen Lande gilt", sollte im Zweifelsfall die Hilfe von Kollegen der "anderen Seite" zu Hilfe genommen werden, um die Effektivität den Veranstaltern zu erläutern.

### 5.3.3. Fachmedien und -redaktionen

Dem Thema entsprechend, müssen auch spezielle Fachmedien/Fachredaktionen zu einer Pressekonferenz eingeladen werden. Es ist dabei objektiv zu bewerten, wer an einem Thema Interesse haben könnte. Die Entscheidung fällt dabei in der Regel zwischen lokalen, regionalen, überregionalen und/oder Fachmedien.

Zusätzlich zu dem nach geographischen Gesichtspunkten aufgebauten Basispresseverteiler ist es erforderlich, einen speziellen Verteiler zu erstellen, der einer redaktionell fachlichen Ausrichtung entspricht. Ein solcher Verteiler enthält z.B. Fachredaktionen für die Bereiche Wirtschaft, Wissenschaft, Tourismus, Kultur oder Sport. Für jedes spezielle Thema gibt es Fachmedien oder Fachredaktionen in den einzelnen Medien.

### 5.3.4. Bedeutende Medien in Europa und in der Welt

Besonders das deutschsprachige Ausland und die deutschsprachigen Medien in der ganzen Welt haben Interesse an Themen, die eine über Deutschland hinausreichende Bedeutung haben. International bedeutende Medien arbeiten in Deutschland mit Korrespondenten, die unter Umständen auch über bedeutende Themen von international ausgerichteten Pressekonferenzen berichten. Zusätzlich bewirkt die sich vollziehende europäische Einigung, daß mehr gegenseitiges Interesse an Themen aus den Mitgliedsländern der Europäischen Union vorhanden ist.

### 5.3.5. Persönlich bekannte Journalisten

Im Laufe der Tätigkeit in einer Pressestelle werden mehr oder weniger intensive, ja sogar freundschaftliche Kontakte zu bestimmten Journalisten aufgebaut. Kam es aufgrund dieser Kontakte in der Vergangenheit bereits mehrfach zu Berichterstattungen, so sollten auch diese Journalisten zu entsprechenden Themen eingeladen werden.

### 5.3.6. Für Projekte und Veranstaltungen

Einzelne Projekte erfordern spezielle Presseverteiler, die sowohl geographische als auch fachliche Gesichtspunkte enthalten. Projekte können z.B. größere Veranstaltungen sein.

## 5.4. Empfänger

> **> Einladungen grundsätzlich an die Redaktionen <**

Empfänger der Einladungen sind immer die entsprechenden Redaktionen, nie einzelne namentlich genannte Journalisten. Über die Teilnahme an Pressekonferenzen entscheidet in der Regel die Redaktionskonferenz. Eine namentlich ausgesprochene Einladung kann nur zusätzlich erfolgen, wenn dieser Wunsch durch einzelne Journalisten geäußert wurde. Ausnahmen sind Einladungen an freie Journalisten und Journalisten, zu denen ein besonderer persönlicher Kontakt besteht.

Persönliche Einladungen an einzelne Journalisten werden dann nicht wahrgenommen, wenn sich die Eingeladenen im Urlaub befinden, krank sind oder den Arbeitgeber gewechselt haben. Persönliche Einladungen werden oft auch als "persönlich" gewertet, so daß es unter Umständen zu keiner Vertretung kommt. Für den Veranstalter kann dies bedeuten, daß Vertreter bestimmter Redaktionen nicht teilnehmen. Ein Lapsus, der durch eine allgemein an die Redaktion gerichtete Einladung vermieden werden kann.

Sind mehrere Fachredaktionen in einem Medium vorhanden, so ist der Empfänger der Einladung immer die jeweilige Fachredaktion. Einladungen zu Pressekonferenzen mit Wirtschaftsthemen gehen an die Wirtschaftsredaktion, nicht an die Zentralredaktion. Auch Einladungen an Verleger, Verlagsleiter, Intendanten etc. sind falsch und werden von diesen genannten Personen mit Sicherheit nicht befolgt.

**Beispiel:**

Eine Agentur lud zu einer Pressekonferenz nicht die zuständigen Redaktionen ein, sondern schickte persönliche Einladungen an alle erdenklichen Redakteurinnen und Redakteure. Selbst Redaktionsassistenten sowie Mitarbeiterinnen im Redaktionssekretariat erhielten Einladungen. In der Folge führte dies zu allerlei Amüsement mit Bewertungen wie „Warum wurde nicht auch noch der Hausmeister eingeladen?"

Im Ergebnis nahmen nur fünf Journalisten an der Pressekonferenz teil, obwohl das Thema einen überregionalen Anspruch hatte.

## 5.5. Gleichheitsgrundsatz für öffentlich-rechtliche Veranstalter

Für Körperschaften des Öffentlichen Rechts, wie z.B. Bund, Land und Kommunen, gilt, daß alle interessierten Medien eine Einladung erhalten müssen, da ansonsten ein Verstoß gegen den Artikel 3 Grundgesetz in Verbindung mit Artikel 1 Abs. 3 Grundgesetz (Gleichheitsgrundsatz) vorliegt. Dabei ist der entsprechende Presseverteiler die Grundlage, der **alle** Medien einer bestimmten Zielgruppe enthalten muß. Der Gleichheitsgrundsatz gilt nicht nur für die Einladung zu einer Pressekonferenz, sondern auch für die Information der nicht teilnehmenden Medienvertreter nach der Pressekonferenz. Sie haben im Anschluß an eine Pressekonferenz das Recht, Informationen zum Thema zu erhalten. Dieses Recht gilt nur für die Basisinformationen. Der Anspruch bezieht sich also nicht auf die Informationen, die während der Pressekonferenz zusätzlich erteilt wurden oder sich aus den Fragen ergeben haben. Die Teilnahme an der Pressekonferenz muß immer einen Vorteil beinhalten.

Als Ausnahme vom Gleichheitsgrundsatz hat es der Verwaltungsgerichtshof Baden-Württemberg[21] als zulässig angesehen, freie Journalisten nicht **zu allen Pressekonferenzen** einzuladen. Diese Vorgehensweise unterliegt allerdings strengen Auslegungskriterien.

Ein freier Mitarbeiter eines regionalen Magazins "für Gegenöffentlichkeit", das sich vom Inhalt her in die Bereiche Nachrichten, Kolumne, Kulturmitteilungen, Leserbriefe, Veranstaltungskalender und Kleinanzeigen gliedert und monatlich erscheint, hatte nicht die gewünschten Presseinformationen eines Landratsamtes erhalten. Daraufhin hatte er beim Verwaltungsgericht des Landkreises beantragt, ihm die der sonstigen Presse zugehenden Informationen, vor allem Tagesordnungen der Kreistags- und Ausschußsitzungen und Presseverlautbarungen, zu übersenden sowie ihn zu Informationsveranstaltungen für die Presse, insbesondere **zu Pressekonferenzen**, einzuladen.

Das Landratsamt, das über keine Pressestelle verfügte und die rund 180 Pressemitteilungen des Jahres 1985 auch nicht anhand eines festen Presseverteilers versandte,[22] trat dem Antrag mit der Begründung entgegen, "**das Magazin, dessen Ziel nicht eine lückenlose Information sei, sondern die einseitige Bekämpfung der politisch Verantwortlichen in der Region, sei weder willens noch in der Lage,**

---

[21] VGH Baden-Württemberg, Az.: 10 S 705/86.

[22] Anmerkung des Autors: Dies ist zwar aus Sicht des Landratsamtes keine Pressearbeit, die den heutigen Vorstellungen in bezug auf Information der Öffentlichkeit gerecht wird, aber aus rechtlicher Sicht nicht zu beanstanden, da die Pressegesetze nur eine "Auskunftspflicht" vorschreiben. Eine offensive Pressearbeit ist gesetzlich nicht vorgesehen. Werden aber Presseinformationen versandt und wird zu Pressekonferenzen eingeladen, unterliegt die Behörde dem Gleichheitsgrundsatz. Das heißt, daß keine willkürliche Auswahl von Journalisten erfolgen darf.

**das verlangte Pressematerial aufzuarbeiten. Informationen auf Anfrage würden dem Magazin und seinen Mitarbeitern nicht verweigert.**"

In der 1. Instanz hatte das Verwaltungsgericht Sigmaringen dem Begehren des freien Journalisten Recht gegeben. Der Staatsgerichtshof Baden-Württemberg schloß sich dieser Meinung nicht an und begründete seine anderweitige Entscheidung wie folgt:

"Anhand eines Vergleichs mehrerer Nummern des Magazins und der im gleichen Zeitraum herausgegebenen Pressemitteilungen des Landratsamtes kam der Senat zu dem Ergebnis, daß der Antragsteller sich nicht in dem Maß mit den Problemen des Landkreises befaßt habe, das erforderlich sei, um den Anspruch auf Übersendung sämtlicher Pressemitteilungen zu rechtfertigen.

Es sei deshalb zulässig – und das Landratsamt habe dies auch nicht verweigert –, den freien Mitarbeiter auf Einzelanfragen zu verweisen. Im übrigen sei es seine Sache, dem Landkreis einzelne Sachgebiete zu benennen, für die ein berechtigtes Interesse auf laufende Belieferung mit Informationen bestehe, die dann auch nicht mit dem Hinweis auf die politischen und weltanschaulichen Tendenzen des Magazins verweigert werden könnten.

Ebenfalls ist der Senat nicht der Ansicht des freien Magazinmitarbeiters gefolgt, er müsse zu allen Pressegesprächen eingeladen werden. Zwar müßten, so das Gericht, zu den offiziellen Pressekonferenzen grundsätzlich alle Pressevertreter zugelassen werden, die sich als solche ausweisen können. Das schließe aber die Befugnis der Behörde zur Gewährung 'persönlicher Interviews' nicht schlechthin aus, weil anderenfalls nur noch eine uniformierte Masseninformation der Presse möglich sei, während die zur Erfüllung der öffentlichen Aufgabe der Presse neben den Pressekonferenzen und zu deren Ergänzung unentbehrlichen individuellen Formen der Information dann unterbleiben müsse. Deshalb müsse es der Behörde möglich sein, in bestimmten Fällen gezielt auf einzelne Pressevertreter zuzugehen und mit diesen Informationsgespräche zu führen, ohne daß dazu auch der Antragsteller eingeladen werden müßte. Allerdings müsse die Behörde sich bei diesem Vorgehen von **sachgerechten** Überlegungen leiten lassen".

# 6. Einladungsschreiben

Die Praxis beweist es jeden Tag: Die überwiegende Zahl aller Einladungen zu Pressekonferenzen sind ungenau oder falsch. Oft sind sie unvollständig, oder aber wichtige Informationen fehlen.

---

**Falsches Beispiel der Stadt S.**

**Pressemitteilung**

Bitte beachten:

Pressevorstellung zur Hauptprobe am
04. August 2002, 20.30 Uhr
Marienplatz in S.

Rückmeldung bitte an :
Kulturamt S., Karl Mustermann, Tel.: ..........................
Fax: ........................,

---

Nicht immer liegt in der Kürze die Würze. Fast alle Fragen bleiben im obigen Beispiel unbeantwortet.

Auf die Einladung gehören nicht die Anschrift der Redaktion und auch keine Vermerke wie "mit der Bitte um Teilnahme".

## 6.1. Corporate Identity (Kopfbogen)

Einladungen werden auf dem üblichen für Pressemitteilungen benutzten Pressekopfbogen ausgesprochen. Der durch die tägliche Pressearbeit in den Redaktionen bekannte Pressekopfbogen mit dem Corporate Design (CD) des Absenders wird dazu beitragen, daß Einladungen zu Pressekonferenzen beachtet werden. Die Verwendung eines offiziellen Firmenkopfbogens ist nicht zu empfehlen, da dadurch die tägliche Pressearbeit eine zu offizielle Bewertung erhält.

Bei herausragenden, nicht regelmäßig wiederkehrenden Ereignissen – wie der Fertigstellung eines neuen Theaters, dem Jubiläum eines bedeutenden Unternehmens oder einem Stadtjubiläum (1000 Jahre) – darf auch, um überregionale Aufmerksamkeit zu erlangen, eine eindrucksvolle, grafisch auffallende Einladung benutzt werden. Im Mittelpunkt muß aber der thematische Inhalt der Pressekonferenz stehen.

## 6.2. Einladung durch Agenturen

Werden Agenturen mit der Vorbereitung und Einladung einer Pressekonferenz beauftragt, so sollten die Einladungen immer signalisieren, daß sie vom Auftraggeber selbst kommen, also von diesem unterschrieben sind. Für Rückfragen sollte immer eine/ein kompetente/kompetenter Ansprechpartner/in beim Auftraggeber zur Verfügung stehen. Für die Medien muß eine Identifikation des Einladenden mit der Pressekonferenz erkennbar sein. Der Grund für diese Verfahrensweise ist in den Vorbehalten zu sehen, die in fast allen Redaktionen gegen Agenturen bestehen.

---

**Beispiel:**

Die Vertreterin einer Agentur aus Düsseldorf wunderte sich darüber, daß die Resonanz auf Einladungen zu Pressekonferenzen oft weit hinter den Erwartungen zurückblieb. Dadurch kam es zu einer immer größeren Unzufriedenheit der Auftraggeber. Die Analyse der Situation ergab, daß die Einladungen alle inhaltlichen und formalen Ansprüche erfüllten. Die Einladungen waren allerdings in der Vergangenheit immer durch die Agentur auf dem firmeneigenen Kopfbogen verschickt worden.

Eine Umfrage bei einigen der eingeladenen Redaktionen ergab, daß von den Medien derartige Einladungen nicht akzeptiert wurde. Nachdem die Agentur die Einladungen auf dem Pressekopfbogen der Auftraggeber über deren Faxanschluß und mit Nennung eines Ansprechpartners im Unternehmen verschickte, stieg auch die Zahl der teilnehmenden Journalisten an den Pressekonferenzen.

Agenturen sind Dienstleister für Auftraggeber. Gute Dienstleistungen sprechen sich auch dann herum, wenn sich die Agentur nicht in den Vordergrund schiebt.

---

## 6.3. Headline

Über dem Text der Einladung steht das Wort "Einladung", damit eine plakative Unterscheidung zur Pressemitteilung signalisiert wird.

Eine Headline ist erforderlich. Sie ist die Nachricht über dem Thema der Pressekonferenz. Sie muß die zentrale Aussage sein. Anders als in der Pressemitteilung darf keine Unterzeile die Headline ergänzen.

---

### Anforderungen an die Headline

- Sie soll das Interesse der Journalisten wecken;

- sie soll die Kernaussage des Einladungstextes wiedergegeben;

- je kürzer sie ist, um so besser ist sie;

- die Länge einer Zeile darf nicht überschritten werden;

- sie soll, wenn möglich, immer im Präsenz geschrieben werden, um so die Aktualität zum Ausdruck zu bringen;

- sie muß klar in der Aussage und verständlich sein;

- sie darf nicht den Text verfälschen;

- soll reizvoll sein und zum Lesen des Einladungstextes anregen;

- sie muß korrekt, leicht faßlich und unmißverständlich formuliert sein;

- Peinlichkeiten und unfreiwillige Komik müssen vermieden werden;

- die reizvolle Überschrift macht Lust auf das Thema der Pressekonferenz;

- Wortspielereien, Doppeldeutigkeiten, rhythmische Fassungen oder ein Gleichklang der Anfangsbuchstaben sind erlaubt;

- nicht erlaubt sind Zitate in der Überschrift von Einladungen.

---

Die Form der Einladung erfordert auch eine grafisch gute Plazierung der Headline. Folgende Möglichkeiten sind gegeben:

## Abbildung 4: Plazierung der Headline

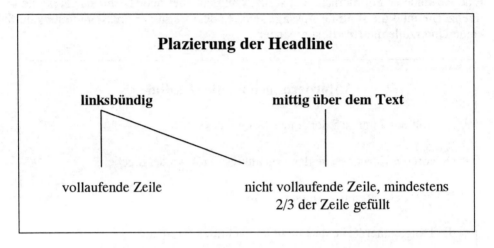

## 6.4. Die "Ws" in der Einladung

Für die Nachricht und die Pressemitteilung sind sie wichtige und unverzichtbare Strukturelemente. Aber auch für die Einladung zu einer Pressekonferenz sind sie unverzichtbar – die "W-Fragen".

In der Einladung müssen folgende W-Fragen beantwortet werden, damit alle notwendigen Informationen gegeben werden:

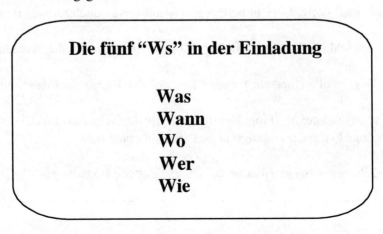

Das "**Was**" beantwortet Fragen zum Thema der Pressekonferenz. Mit dem "**Wann**" wird das Datum und die Uhrzeit genannt, mit dem "**Wo**" der genaue Veranstaltungsort. Das "**Wer**" nennt die Teilnehmer der Pressekonferenz, und das "**Wie**" gibt zusätzliche Informationen, ob vielleicht ein Imbiß oder Presserundgang geplant sind oder wie der Veranstaltungsort zu erreichen ist.

## 6.5. Anrede

Auf die Anrede "Sehr geehrte Damen und Herren" muß verzichtet werden, da es sich um einen Vorgang der normalen Pressearbeit handelt. Große Unternehmen oder PR-Agenturen[23] verzichten in den meisten Fällen nicht auf die persönliche Anrede, da sie Ausdruck ihrer Unternehmensphilosophie ist. Ist dies der Fall, so sollte die eigene Verfahrensweise überprüft werden.

## 6.6. Einleitung, das Lead

Das Lead der Einladung muß auf das Thema der Pressekonferenz kurz eingehen und soll das Interesse der Journalisten wecken. Eine klare Themenbeschreibung vermeidet Mißverständnisse. Es kann erforderlich sein, ein Thema "nebulös" zu formulieren, weil vor der Pressekonferenz keinerlei Informationen in die Öffentlichkeit gelangen sollen. Dies erfordert eine spannende Formulierung, die Journalisten anspricht, weil das Interesse durch Andeutungen geweckt werden soll.

---

**Beispiel:**

In einer größeren Stadt war es zur Ansiedlung eines neuen Unternehmens gekommen. Die Verträge waren bereits vor Weihnachten unterzeichnet worden. Die Presse sollte allerdings erst in der zweiten Januarwoche des folgenden Jahres informiert werden. Die Vertragspartner, in diesem Fall Vertreter des Unternehmens und der Stadtverwaltung, vereinbarten bis zur Pressekonferenz Stillschweigen gegenüber der Öffentlichkeit. Die Nachricht über die Ansiedlung sowie Details sollten erst in einer Pressekonferenz bekannt gegeben werden. Auch in der Einladung sollten noch keine detaillierten Fakten genannt werden.

---

[23] Gemeint sind alle Arten von Agenturen, außer den journalistisch arbeitenden Nachrichtenagenturen.

---

**Das Lead der Einladung wurde wie folgt formuliert:**

Die MüllerMeyer-Vertriebsgesellschaft AG (MMV) wird ihre Präsenz in der Region ausbauen. Grundlage dafür ist ein Vertrag über eine Infrastruktur, den die MMV am 22. Dezember des vergangenen Jahres mit der Stadt X geschlossen hat. Hierüber und über das weitere Engagement für die Region und weitere Bereiche der Wirtschaft wollen wir aktuell informieren.

**Ergebnis:**
Die Vertreter der Medien erkannten in der Formulierung, die sich grundlegend von den bisherigen Einladungen zu Pressekonferenzen unterschied, eine besondere Nachricht. Die Teilnehmerzahl der Pressekonferenz lag über dem normalen Schnitt.

---

## 6.7. Zeit und Ort

In der Einladung müssen der **Zeitpunkt**, also **Wochentag, Datum, Uhrzeit,** sowie der genaue **Ort**, also **Stadt, Stadtteil, Straße, Gebäude, Raum,** genannt werden. Eine Wegbeschreibung mit Skizze, besonders wichtig für auswärtige Teilnehmer, ergänzt die Einladung.

## 6.8. Namen und Funktionen

In der Einladung müssen die **Vor- und Nachnamen** sowie **Funktionen** der Gesprächspartner genannt werden. Die Funktionen stehen üblicherweise hinter den Namen. Ausnahme: Es handelt sich bei den Funktionen der Teilnehmenden um Titel der Anrede, wie Oberbürgermeister, Oberstadtdirektor, Minister, Staatssekretär etc. In diesem Fall müssen sie vor die Namen gesetzt werden. Handelt es sich nur um einen oder zwei Teilnehmende mit Titeln, während andere "nur" Funktionen haben, so sind aus protokollarischen Gründen bei allen Teilnehmenden sowohl Titel als auch Funktion vor die Namen zu setzen. Um ein Problem mit der Gleichstellung zu vermeiden, sollte nicht das Wort **"Teilnehmer = maskulin"** sondern **"Teilnehmende"** gewählt werden.

---

Dr. Gerd Müller, <u>Leiter der Entwicklungsabteilung</u>
oder
<u>Oberbürgermeister</u> Dr. Reinhold Urner

---

Ein weiteres Problem ist oft die Reihenfolge in der Nennung der Teilnehmenden. Grundsätzlich gilt, daß die/der Hauptakteurin/Hauptakteur, also die/der wichtigste Rednerin/Redner zuerst genannt wird, danach die Teilnehmer gestaffelt nach abnehmender Wichtigkeit ihres Redebeitrages in der Pressekonferenz.

---

**Beispiel:**

**Teilnehmende:**

Dr. Elvira Müller, Unternehmensleiterin
Fritz Fleißig, Leiter der Entwicklungsabteilung
Susanne Redsam, Sachgebietsleiterin

---

Ausnahmen von diesem Grundsatz sind zulässig, wenn Repräsentanten, wie Oberbürgermeister, Minister o.ä., an einer Pressekonferenz teilnehmen. Auch wenn diese aus der Sicht wichtiger sachlicher Informationen nicht an erster Stelle stehen, da sie keine besonderen sachlichen Informationen zum Thema geben können, so sind sie dennoch aus protokollarischen Gründen zuerst zu nennen.

---

**Beispiel:**

**Teilnehmende:**

Oberbürgermeister Karl Schulte
Intendantin Dr. Vera Melodram
Spielleiter Werner Fahsl

---

## 6.9. Unterschrift

Unterschrieben wird die Einladung **immer** von der/dem Pressesprecherin/Pressesprecher. Dies ist erforderlich, da sie/er die Kontaktperson zur Presse ist. Nachfragen der Journalisten werden immer an die Person gerichtet, die eine Einladung unterschrieben hat und die in der Vergangenheit Ansprechpartner für die Presse war. Entspricht dieses Verfahren nicht der Unternehmensphilosophie, weil immer die/der Leiterin/Leiter des Unternehmens unterschreiben will – und es ist keine Änderung möglich –, so **muß** auf jeden Fall für Nachfragen der Name der/des Pressesprecherin/ Pressesprechers mit der Telefonnummer genannt werden. Sie sind diejenigen, die umfassende Antworten zum Thema, Ablauf oder zu organisatorischen Fragen geben können.

---

**Beispiel:**

Ansprechpartnerin für Rückfragen: Pressesprecherin Claudia Boje,
Tel.: 0677- 22 33 44, e-mail: Boje@t-online.de

---

## 6.10. Rückfragen

Für evtl. Rückfragen muß auf der Einladung die vollständige Adresse genannt werden. Dazu gehören auch die Telefon- und Faxnummer sowie die E-mail-Adresse. Nicht zu vergessen ist die Telefonnummer, unter der Vertreter der Pressestelle während der Pressekonferenz zu erreichen sind. Dies kann auch die Handy-Nummer der/des Pressesprecherin/Pressesprechers sein. Da Pressesprecher vor, während und nach der Pressekonferenz anderweitig beschäftigt sind, sollte eine/ein Mitarbeiterin/Mitarbeiter den Telefondienst übernehmen.

---

### Checkliste für die Einladung zu einer Pressekonferenz

- **Absender**
  Name der/des Pressesprecherin/Pressesprechers, Adresse, Telefon- und Faxnummer, Handy-Nummer, E-mail-Adresse,

- **kurze Einleitung** (Lead),

- **Datum**, **Zeitpunkt**, genaue **Ortsangabe**, Hinweise zur **Anfahrt** mit dem Pkw,

- **Teilnehmende**,

- **Hinweise** auf kostenlose Parkmöglichkeiten, Imbiß, Pressebesichtigung u.a.,

- **Unterschrift** der/des Pressesprecherin/Pressesprechers.

---

**Beispiel:**

Adelboden, 1. Oktober 2002

# Einladung
## Eröffnung – Wildstrubel-Bahn fertiggestellt

Nach fast zweijähriger Bauzeit wird unsere neue Wildstrubel-Bahn am Sonntag, 19. Oktober 2002, um 11 Uhr eröffnet. Mit einem großen Fest wollen wir die neue Anlage der Bevölkerung und unseren Gästen vorstellen. Wir wollen Sie über die neue Bahn informieren und Ihnen unser Eröffnungsprogramm vorstellen.

Zu einer Pressekonferenz lade ich Sie herzlich ein am

**Donnerstag, 19. Oktober 2002, 11.00 Uhr,**
**Talstation der Silleren-Bahn,**
**Clubraum, Dorfstr. 11, in Adelboden-Oey**
(siehe Anfahrtskizze).

Teilnehmende:
Bürgermeister Christoph Inniger
Tourismusdirektor Roland Fischer
Seilbahnbetreiber Robert Hari.

Im Anschluß an die Pressekonferenz haben Sie Gelegenheit, mit der neuen Seilbahn auf den Wildstrubel zu fahren. Die Veranstaltung endet mit einem kleinen Imbiß im Sporthotel Adler.
Telefonnummer während der Veranstaltung: (0171) 33 88 99.

Mit freundlichem Gruß

Ingo Diesch
Pressesprecher

Kostenlose Parkplätze sind direkt vor der Talstation (Parkplatz West) für Sie reserviert.

V.i.S.d.P.: **Beat Ryser, Tourist-Center, CH-3715 Adelboden, T: (++41) 033 6738080 F: (++41) 033 6738092, e-mail: info@adelbodentourism.ch**

# 6.1.1. Sperrfrist

Sperrfristen, bis zu deren Ablauf die Veröffentlichung bestimmter Nachrichten aufge-
schoben werden soll, sind nur dann vertretbar, wenn sie einer sachgemäßen und sorg-
fältigen Berichterstattung dienen. Sie unterliegen grundsätzlich der freien Vereinbarung zwischen Pressestellen und Medien. Sachliche Gründe sind die Veröffentlichung des Textes einer noch nicht gehaltenen Rede, ein vorzeitig herausgegebener
Geschäftsbericht eines Unternehmens oder die Information über ein noch nicht ein-
getretenes Ereignis wie Versammlungen, Ehrungen, Beschlüsse u.ä.[24] Sperrfristen
sind rechtlich unverbindlich. Medien müssen sich **nicht** daran halten. Es gibt keine
Möglichkeit, Verstöße gegen Sperrfristen rechtlich zu werten. Ein Verstoß dürfte
aber die vertrauensvolle Zusammenarbeit negativ beeinflussen. Sperrvermerke sollten
aber nur in begründeten Einzelfällen ausgesprochen werden.

Sollen auf Pressekonferenzen Themen erörtert werden, deren Inhalte, auch andeu-
tungsweise, vorher nicht in die Öffentlichkeit gelangen sollen, so muß bereits auf der
Einladung der Vermerk "Sperrfrist" angebracht werden. Schon eine vorsichtige Formulierung im Einladungstext kann das Interesse der Journalisten so wecken, daß so-
fortige Recherchen zum Thema die Folge sind und eine Vorveröffentlichung nicht
ausgeschlossen ist.

Die Sperrfrist für die Veröffentlichung des Themas endet logischerweise mit dem Ende der Pressekonferenz. Der Hinweis

**Achtung! Sperrfrist 28. Februar 2002, 12.00 Uhr**

ist deutlich über dem Text der Einladung anzubringen.

---

**Beispiel:**

Ein Unternehmen will sich in einer Stadt ansiedeln. Die Verhandlungen
zwischen der zuständigen Stadtverwaltung und dem Unternehmen sind abgeschlossen. Die Mitteilung über die vereinbarte Ansiedlung wäre so sensa-
tionell, daß trotz der terminierten Pressekonferenz einige Journalisten bereits vorher recherchieren und erste Meldungen in die Öffentlichkeit kommen würden. Da zwischen den Vertragsparteien bis zur Pressekonferenz
Stillschweigen vereinbart wurde, würden derartige Veröffentlichungen der
Informationsvermittlung in der Pressekonferenz schaden. Eine Sperrfrist ist
in diesem Fall angebracht und zweckmäßig.

---

[24] Deutscher Presserat, Pressekodex, Ziffer 2, Richtlinie 2.5.

Bei der Festlegung des zeitlichen Ablaufs der Sperrfrist ist auf die besondere Situation der Medien zu achten, die aktuelle Nachrichten über regelmäßig zum gleichen Zeitpunkt stattfindende Sendungen verbreiten.

Sperrfristen sind möglich:

a) **auf der Einladung** zu einer Pressekonferenz,
   um zu verhindern, daß das Thema bereits veröffentlicht wird.

b) **auf der Pressemitteilung** zur Pressekonferenz,
   um zu verhindern, daß nicht an der Pressekonferenz teilnehmende
   Journalisten eher veröffentlichen können als Teilnehmer.

---

**Beispiel:**

Die Sperrfrist für die Mitteilungen in einer Pressemitteilung über die Ergebnisse einer Pressekonferenz wurde auf 14 Uhr festgesetzt. Die Pressekonferenz endet um 12 Uhr. Ein privater Hörfunksender hat allerdings regelmäßig seine Nachrichtensendung um 13.55 Uhr. Alle anderen Sender, die um 14 Uhr ihre Nachrichten ausstrahlen, wären nicht benachteiligt.

Durch die festgelegte Sperrfrist auf 14.00 Uhr wäre es zu einer nicht zu vertretbaren Benachteiligung des privaten Senders gekommen, so daß die Sperrfrist um fünf Minuten, auf 13.55 Uhr, verkürzt werden mußte.

---

## 6.12. Anmeldung

Grundsätzlich melden sich Journalisten zu Pressekonferenzen nicht an, wenn nicht in der Einladung ausdrücklich darum gebeten wurde. Journalisten empfinden eine Anmeldungspflicht zu Presseterminen als Gängelung. Ist aus organisatorischen Gründen ausnahmsweise eine Anmeldung erforderlich, sollte ein Vordruck für die Anmeldung der Einladung beigefügt werden. Organisatorische Gründe können sein: der Druck besonderer Unterlagen, Planungen für einen Imbiß oder eine der Teilnehmerzahl entsprechende Raumreservierung.

---

**Beispiel:**

Um genau planen zu können, bitten wir ausnahmsweise um vorherige
Anmeldung bis

**Montag, 6. Oktober 2002.**

Telefonnummer 0041 (0)33 73 80 80, Fax: ......73 80 92.
E-mail: wigo@com.de

---

Der Termin, bis zu dem eine Anmeldung erfolgen sollte, gilt als Richtschnur für die
ungefähre Zahl der teilnehmenden Journalisten. Der Anmeldetermin sollte sehr kurzfristig, drei Tage vor der Pressekonferenz, angesetzt werden. Eine gegebene Teilnah-
mezusage ist unverbindlich. Wichtigere, aktuellere Ereignisse können kurzfristig zu
einer anderen Terminplanung der Journalisten führen. Umgekehrt kann es auch sein,
daß Journalisten teilnehmen, die sich nicht angemeldet haben, weil kurzfristig andere
Termine ausgefallen sind bzw. vergessen wurde, sich anzumelden. Als Faustformel
sollte immer damit gerechnet werden, daß bis zu ein Drittel der angemeldeten Journalisten nicht teilnehmen.

Bei außerordentlich wichtigen Pressekonferenzen – hierbei ist ein möglichst objektiver Maßstab anzulegen – empfiehlt es sich, einen Tag vorher in den Redaktionen an-
zurufen, um an den Termin zu erinnern und evtl. noch einmal die Teilnahme zu erfragen. Wurde eine Teilnahme bereits durch die schriftliche Anmeldung bestätigt, so
kann trotzdem noch einmal **erinnert** werden. Darüber hinaus besteht die Chance, in
den Redaktionen nachzufragen, die noch keine Journalisten angemeldet haben. Nachfragen müssen immer zurückhaltend und diplomatisch sein, um Journalisten durch
lästiges Nachfragen oder Erinnern nicht zu verärgern.

Mit der Anmeldung sollte auch erfragt werden, ob Interviews nach der Konferenz
geplant sind und wieviel Zeit dafür benötigt wird. Dies erleichtert eine genaue Ablaufplanung, auch im Sinne anderer Interviewwünsche.

## Antwortfax

**Redaktion:** _____

**Name:** _____

**Adresse:** _____

**Telefon:** _____

**Fax:** _____


**Tourist-Center Adelboden**
**Presse und Information**

**Fax : 0041 (0) 33 73 80 92**


Ich/wir nehme/n an der Pressekonferenz "Wildstrubel-Bahn" am Donnerstag, 19. Oktober 2002, 11.00 Uhr, mit _____ Personen teil/nicht teil.

* **Ich möchte nach der Pressekonferenz interviewen:**
  Frau/Herrn..................................................................................
  Hierfür benötige ich ca. ................ Minuten.

  ☐ Ich/Wir nehme/n am Imbiß teil/nicht teil.
  ☐ Ich kann nicht teilnehmen. Bitte senden Sie mir Pressematerial zu.
  ☐ Ich bin auch weiterhin an Presseinformationen, Veranstaltungshinweisen und Programmen interessiert.

_____
Datum          Unterschrift

# 7. Organisation

Entscheidende Faktoren für den Erfolg einer Pressekonferenz sind der Veranstaltungsort und die Organisation – technisch, räumlich als auch personell.

## 7.1. Zuständigkeit

Die Zuständigkeit und Federführung bei der Vorbereitung und Veranstaltung einer Pressekonferenz liegen immer in der Pressestelle des Veranstalters. Dies muß, wie bereits erläutert, durch die Unterschrift unter der Einladung deutlich werden. Die Einladungen sollten immer von der/dem Pressesprecherin/Pressesprecher unterschrieben sein.

Die Auswahl der Redner in der Pressekonferenz muß mit der Leitung des veranstaltenden Unternehmens, der Behörde etc. abgesprochen werden. Dabei muß beachtet werden, daß die ausgewählten Redner sicher und überzeugend in einer Pressekonferenz ihr Wissen vermitteln und im Thema sein müssen. Pressesprecher sollten Vorschläge für die Auswahl der Redner unterbreiten.

Pressesprecher haben die Verantwortung für einen geordneten und reibungslosen Ablauf der Pressekonferenz. Dazu gehört es auch, sich ca. eine Stunde vor Beginn der Pressekonferenz am Veranstaltungsort einzufinden. Persönlich muß eine Prüfung aller technischen Einrichtungen und weiterer organisatorischer Einrichtungen vorgenommen werden, um Pannen während der Pressekonferenz auszuschließen.

## 7.1.1. Organisation durch eine Agentur

Es gibt Medienagenturen, die einschlägige Erfahrungen mit der Vorbereitung und Organisation von Pressekonferenzen haben. Die Vorbereitung einer Pressekonferenz erfordert einen hohen zeitlichen wie personellen Aufwand. Die vorhandenen Möglichkeiten sollten daher kritisch geprüft und bewertet werden. Ist dies nicht zu leisten, so sollte eine erfahrene Agentur beauftragt werden.

Außerdem stehen beauftragte Agenturen unter einem besonderen Erfolgszwang und oft verfügen sie auch über Medienkontakte, die beim Auftraggeber nicht vorhanden sind.

Der Auftrag muß klare Vorstellungen und Zielrichtungen enthalten. Ein Komplettangebot umfaßt die Vorbereitung, Organisation, Einladung, Auswahl der einzuladenden Journalisten und Redner, Erstellung von Statements und der Pressemappe sowie evtl. auch die Übernahme der Moderation. Vor einer Beauftragung sollte geprüft werden, ob die eigenen finanziellen Mittel dafür vorhanden sind. Allein für die Organisation einer regionalen Pressekonferenz können Agenturen Honorare von 3.000 bis 7.500 DM[25] verlangen. Für jedes Statement sollten zwischen 2000 bis 5000 DM eingeplant werden. Diese Zahlen zeigen, daß eine Pressekonferenz leicht zwischen 10.000 bis 20.000 DM kosten kann.

Vor der Beauftragung einer Agentur sollten in einem Vertrag die Aufgaben und das Honorare vereinbart werden. Vor einer Auftragserteilung erfolgt die Festlegung des Profils und ein genaues Briefing. Je detaillierter die Bedingungen vor Vertragsbeginn abgesprochen und festgelegt werden, um so besser ist die Chance einer erfolgreichen Zusammenarbeit und das Erreichen effektiver Ergebnisse. Die Federführung, auch letztlich die Verantwortung, bleibt beim Auftraggeber. Es muß daher auch festgelegt werden, daß die Agentur regelmäßig über die verschiedenen Schritte unterrichtet, damit immer wieder eine Erfolgskontrolle vorgenommen werden kann. Zeigt sich im Verlauf der Zusammenarbeit, daß ein positives Ergebnis nicht oder nur schwer zu erreichen ist, muß die Möglichkeit bestehen, die Zusammenarbeit durch eine vertraglich festgeschriebene Kündigungsmöglichkeit zu beenden.

## 7.2. Konferenzort

Eine Pressekonferenz muß an einem Ort stattfinden, der zum Thema paßt. Sie im Konferenzsaal eines Unternehmens oder im Rathaus zu veranstalten, wäre falsch, wenn eine neue Fertigungshalle vorgestellt, ein Stadttheater eingeweiht oder das Programm eines besonderen Events vorgestellt werden sollen.

Journalisten müssen die Möglichkeit haben, sich vom Thema visuell einen Eindruck zu machen. Bei der örtlichen Planung muß an Fotografen und Fernsehteams gedacht werden. Ihnen reicht es nicht, die Redner in einer Pressekonferenz zu filmen oder zu fotografieren. Diese sich immer gleichenden Bilder liefern visuell keine Nachricht.

Außergewöhnliche Ortswahlen für eine Pressekonferenz erhöhen den Reiz, daran teilzunehmen. So fanden anläßlich der "Rollenden Pressekonferenz" des Deutschen Städtetages durch Deutschland und Österreich Pressekonferenzen auf einem Schiff auf der Nordsee, auf über 2000 Metern Höhe in den Alpen sowie in einem Sonderzug der Deutschen Bahn statt. Fabrik- oder Werfthallen, alte Gebäude, Museen,

---

[25] Quelle: PR-Honorore, DPRG – Honorarumfrage; Fachverband Freier Werbetexter, MM-Recherche, MediumMagazin1998.

Theater oder Galerien sind originelle Veranstaltungsorte für Pressekonferenzen. Aber auch historische oder "urige" Gastronomiebetriebe bieten sich an, wenn eine thematische oder räumliche Verbindung zum Anlaß der Pressekonferenz vorhanden ist.

Ist ein außerordentlicher Veranstaltungsort nicht gegeben, so sollte ein Ort gewählt werden, der zentral ist. Für alle Örtlichkeiten gilt, daß sie geräumig seien sollen und alle technischen Voraussetzungen bieten müssen.

## 7.3. Wegweiser

Angesichts der knappen Zeit, die Journalisten haben, muß auf dem Weg und am Konferenzort das unnötige Suchen nach dem Veranstaltungsraum vermieden werden. Auswärtigen Journalisten muß eine genaue und übersichtliche Anfahrtsskizze rechtzeitig zugesandt werden.

---

**Beispiel:**

### So finden Sie uns

**über A 1:** Abfahrt Hagen, Richtung Dortmund (Dortmunder Straße), erste Straße (Wandhofener Straße) rechts, Richtung Iserlohn, zweite Ampel rechts dem Schild > Journalisten Zentrum< folgen.

**über A 45:** ................................................................................
mit der Bahn: an Bahnhof Hagen (Haltestelle auf der gegenüberliegenden Straßenseite) mit der Buslinie 513 bis Haltestelle >Haus Busch<

Näheres entnehmen Sie bitte der anliegenden Skizze.

---

Hinweisschilder am Konferenzort müssen den Weg vom Parkplatz bis zum Konferenzraum ausschildern. Bei schwierigen Wegführungen sollten zusätzlich Mitarbeiter als "Lotsen" eingesetzt werden. Erforderlich sind auch Hinweisschilder zu den Toiletten und zu Telefon-, PC- oder Faxanschlüssen.

## 7.4. Pendeldienst

Ist bekannt, daß Journalisten mit der Bahn anreisen, so sollte ein Shuttle-Dienst vom Bahnhof zum Konferenzort angeboten werden. Handelt es sich um Pressekonferenzen mit bundesweiter und internationaler Ausstrahlung, so sollte ein Pendeldienst vom und zum nächsten Flughafen eingerichtet werden. Ein entsprechender Hinweis ist auf der Einladung anzubringen. Mit der Anmeldung muß der Journalist genau mitteilen, wann und wo er eintrifft, damit der Shuttle-Dienst genau geplant werden kann.

## 7.5. Parkmöglichkeiten

Orte, an denen Pressekonferenzen stattfinden, müssen gut zu erreichen sein. Auf der Anfahrtskizze sollte auch erläutert werden, wo sich kostenlose Parkmöglichkeiten befinden oder wo speziell für die Pressekonferenz Parkplätze für Journalisten reserviert werden. Handelt es sich um eine Pressekonferenz im Rahmen einer großen Veranstaltung, so sollten den angemeldeten Journalisten rechtzeitig Parkausweise zur Verfügung gestellt werden, um unnötige Diskussionen mit Ordnern über eine Parkberechtigung zu vermeiden. Dies gilt besonders für Pressekonferenzen im Rahmen von Messen, großen Events oder Kongressen.

Sonderparkflächen für einen bestimmten kurzfristigen Zeitraum können nach der Genehmigung mit dem zuständigen Straßenverkehrsamt ausgewiesen werden.

Ist für eine außergewöhnliche Ortswahl ein leicht erreichbarer Parkplatz nicht vorhanden, so sollte den Teilnehmern von einem zentralen, gut erreichbaren Sammelpunkt ein Bustransfer zum Konferenzort angeboten werden. Hilfreich ist es, zur Parkregelung Mitarbeiter einzusetzen, die sicherstellen, daß **nur** Journalisten die reservierten Parkplätze benutzen. Zugleich können jene bereits auf dem Parkplatz weitere Hinweise zum Erreichen des Konferenzraumes erhalten.

Für Übertragungswagen von Rundfunk und Fernsehen sind besondere Parkflächen in unmittelbarer Nähe des Konferenzortes zu reservieren. Auch Fahrzeuge von Kamerateams sollten in der Nähe bevorzugt Parkraum erhalten, da die technische Ausstattung oft sperrig und schwer ist.

## 7.6. Technische Ausstattung

Am Konferenzort müssen vorhanden sein:

---

## Technische Ausstattung

- mehrere Telefonanschlüsse für ungestörtes Telefonieren,

- Faxgeräte,

- PC (online),

- ausreichend Strom- und Lichtquellen,

- Over Multiswitch (oder kleines Musiktaxi),

- evtl. Simultan-Dolmetscheranlage,

- Mikrofonanlage.

---

Die technische Ausstattung richtet sich nach der Größe und Bedeutung der Pressekonferenz. Oft ist es erforderlich, einen Presseraum einzurichten, zu dem nur Journalisten Zutritt haben. Dies ist besonders dann wichtig, wenn direkt im Anschluß an Pressekonferenzen Texte oder Telefonberichte gefertigt werden müssen. Für den Hörfunk sind Räumlichkeiten für ungestörte Telefonberichte bereitzustellen.


## 7.7. Besonderheiten für elektronische Medien

Fernseh- und Hörfunkaufnahmen erfordern besondere räumliche Voraussetzungen. Es muß gewährleistet sein, daß Ton- und Filmaufnahmen während der Pressekonferenz problemlos möglich sind. Zu den technischen Voraussetzungen gehört es, daß mehrere Mikrofone vor den Rednern, sowie Aufnahmegeräte und Kameras in unmittelbarer Nähe aufgestellt werden können. Bei der parlamentarischen Sitzordnung muß darauf geachtet werden, daß der Mittelgang als Schwenkbereich für Fernsehkameras frei gehalten wird. Hinter den Sitzplätzen sollte eine weitere Fläche für Fernsehkameras angeboten werden. Ideal ist, diesen Platz auf einem Podest vorzusehen, damit ungehindert Filmaufnahmen gemacht werden können. Für größere Konferenzen, zu denen mit einer Teilnahme von mehr als fünf Hörfunk- und Fernsehteams gerechnet werden muß, ist zu empfehlen, für den Mitschnitt der Statements eine besondere Technik einzusetzen.

Damit es nicht zu einer unübersehbaren Ansammlung von Mikrofonen vor den Sprechenden kommt, was zu räumlichen aber auch akustischen Problemen führen kann, ist der Einsatz eines Over Multiswitch oder eines kleinen Musiktaxis zu empfehlen. Dabei handelt es sich um ein Verteilergerät, an das alle Aufnahmegeräte von Hörfunk und Fernsehen angeschlossen werden und das die Sprache der Redner über die bereits vorhandenen Raummikrofone technisch einwandfrei weitergibt. Entsprechende Geräte können über den Fachhandel bezogen bzw. durch professionell arbeitende Akustikfirmen gemietet werden.

Für Fernsehaufnahmen muß die Möglichkeit bestehen, Scheinwerfer aufzustellen. Kameraleuten muß ein Aktionsradius ermöglicht werden, der es erlaubt, sich frei zu bewegen und verschiedene Kameraeinstellungen vorzunehmen. Gegen stark in einen Konferenzraum einfallendes Tageslicht oder Sonneneinstrahlung muß die Möglichkeit einer Abdunkelung vorhanden sein.

Externe Geräuschquellen, wie z.B. laute Bauarbeiten, müssen eingestellt werden, da ansonsten die Tonqualität extrem beeinträchtigt werden kann.

## 7.8. Sitz-/Stehordnung

Unterschiedliche Sitzordnungen sind möglich. Die Sitzordnung muß eine problemlose Kommunikation ermöglichen, so daß alle Journalisten die Redner gut sehen und verstehen können. Ein spezielles Plazieren von Journalisten, entweder hinten oder vorne – positive Journalisten nach vorne, kritische nach hinten –, ist verboten. Die Sitzordnung organisiert sich selbst mit dem unterschiedlichen Eintreffen der Journalisten.

---

**> Keine Sitzordnung festlegen! <**

---

Als **normale Sitzordnung** wird eine Sitzordnung bezeichnet, bei der sich Redner und Journalisten an einem Tisch gegenüber sitzen. Diese Sitzordnung eignet sich allerdings nur für eine begrenzte Teilnehmerzahl und ist eher für Pressegespräche geeignet.

Bei der **parlamentarischen** Ordnung sitzen die Redner an einem Tisch. Ihnen gegenüber sitzen die Journalisten in Stuhlreihen mit Schreibplatz. Wichtig ist, daß die Redner gut zu sehen sind. Es kann erforderlich sein, ein Podest für die Redner aufzubauen, damit diese Anforderung erfüllt wird. Zwischen den Rednern und den Journalisten sollte mindestens ein Abstand von drei Metern vorhanden sein. Der Mittelgang und die Seitengänge müssen frei sein. Die **erste Reihe sollte für Fotografen reserviert** werden, damit sie ungehindert fotografieren können und die Pressekonferenz nicht durch herumlaufende Fotografen gestört wird.

Typisch ist diese Sitzordnung in der Bundespressekonferenz (Sitzplatz mit klappbarer Schreibunterlage). Die parlamentarische Sitzordnung bietet allen teilnehmenden Journalisten gute Sicht- und Hörmöglichkeiten. Sie sollte nach Möglichkeit **immer** gewählt werden, wenn es die Räumlichkeiten zulassen.

Bei der **U-Form** dürfen nur Sitzplätze an der Außenseite genutzt werden. Innen sitzende Journalisten hätten Nachteile, da sie nur einige Redner sehen könnten. An der Kopfseite sitzen die Redner. Der offene Bereich der U-Form darf nicht durch Exponate oder Pflanzen verstellt werden, da er als Schwenk- oder Fotografierbereich genutzt werden muß.

## 7.8.1. Moderator und Redner

Drei Alternativen bieten sich für die Sitzordnung von Moderator und Rednern. In der parlamentarischen Sitzordnung ist es auch möglich, daß Redner und Moderatoren hinter Pulten stehen, wie in letzter Zeit oft bei Pressekonferenzen von Parteien praktiziert wird.

### Alternative 1:

Der Moderator der Pressekonferenz sitzt in der Mitte, damit er den Ablauf kontrollieren und korrigieren kann. In der Mitte sitzend, kann er mit allen Rednern problemlos Kontakt halten. Dieses Verfahren eignet sich insbesondere bei einer runden Zahl von Redner (zwei, vier etc.).

**Vorteil:** Problemlose Leitung der Pressekonferenz, da alle Redner sich in relativer Nähe befinden.

**Nachteil:** In der Mitte sitzend, wird der Moderator zur visuellen Hauptperson der Pressekonferenz.

**Abwägung:** Der reibungslose Ablauf sollte Vorrang haben. Die Mittelposition für den Moderator hat positive Auswirkungen für der Ablauf einer Pressekonferenz. Die Nachteile sind nur visueller Art.

## Alternative 2:

Ist nur **ein** Redner vorgesehen, dazu aber noch ein Sachverständiger, der bei Bedarf antworten soll, allerdings kein Statement abgibt, so wird der Redner in der Mitte plaziert, der Sachverständige links und der Moderator rechts daneben (aus Sicht der Journalisten).

---

**Beispiel:**

Der Bundeskanzler gibt in einer Pressekonferenz ein Statement zu einem bestimmten Thema ab, hat aber für spezielle Fragestellungen einen Ministerialbeamten mitgebracht. Der/die Pressesprecher/Pressesprecherin würde in diesem Fall rechts[26] neben dem Bundeskanzler sitzen, die/der Sachverständige links daneben.

---

**Vorteil:** Die Dominanz liegt beim Redner. Der Moderator kann trotzdem problemlos die Pressekonferenz leiten, da er direkt neben dem Redner sitzt.

**Nachteil:** Keiner.

## Alternative 3:

Pressekonferenzen mit bedeutenden Personen erfordern aus protokollarischer Sicht die visuelle Dominanz einzelner oder mehrerer Personen. In diesem Fall sollte der Moderator von "außen" die Pressekonferenz leiten. Beispiel: hohe staatliche oder kirchliche Würdenträger, bedeutende Persönlichkeiten aus Wirtschaft, Kultur etc. In diesem Fall gebietet es das Protokoll, daß die Mitte nicht dem Moderator gehört.

---

[26] Aus der Blickrichtung der Journalisten.

# 7.8.2. Beispiele für die Sitzordnung

## Abbildung 5: Normale Sitzordnung

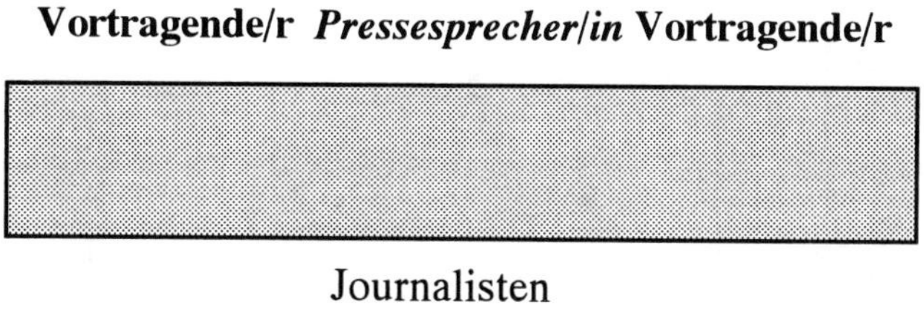

**Vortragende/r** *Pressesprecher/in* **Vortragende/r**

Journalisten

## Abbildung 6: Parlamentarische Sitzordnung

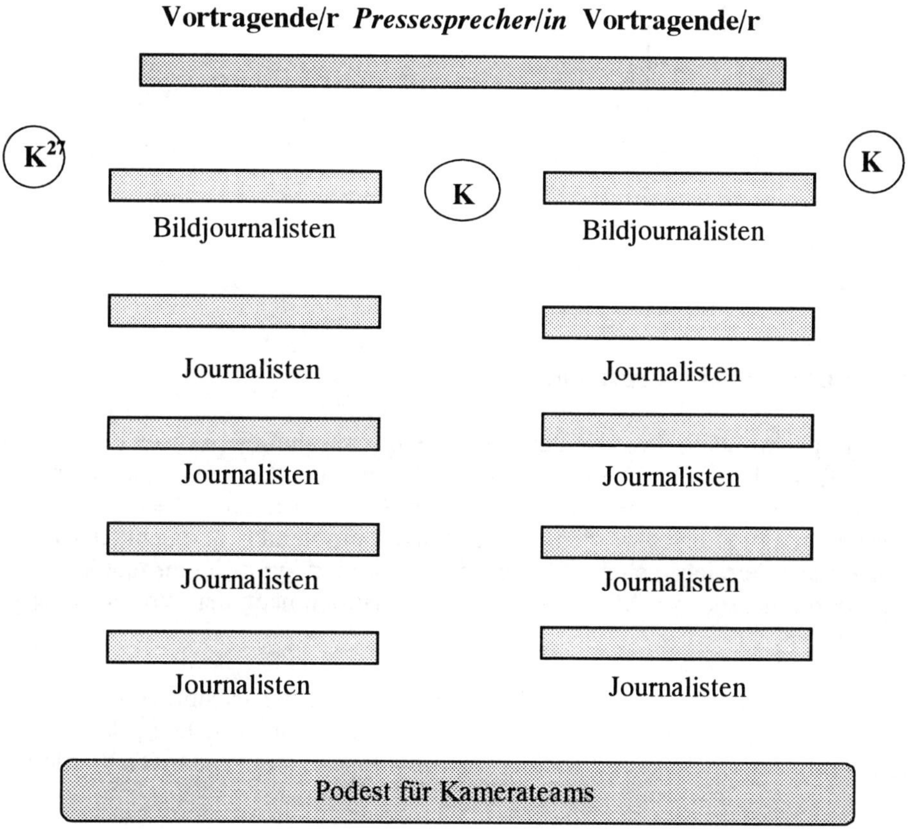

**Vortragende/r** *Pressesprecher/in* **Vortragende/r**

K[27]          K          K

Bildjournalisten          Bildjournalisten

Journalisten          Journalisten

Journalisten          Journalisten

Journalisten          Journalisten

Journalisten          Journalisten

Podest für Kamerateams

---

[27] Kamerabereich.

## Abbildung 7: U-Form

Vortragende/r  *Pressesprecher/in*  Vortragende/r

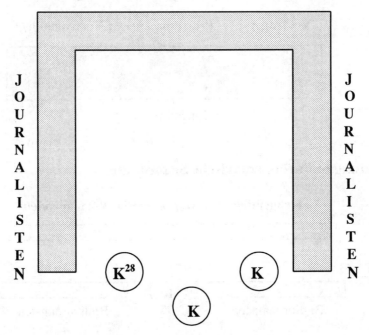

## 7.9. Akustik und Geräusche

Nicht nur bei größeren Pressekonferenzen ist eine einwandfreie Akustik erforderlich. Mikrofone, auch auf den Tischen der Journalisten, garantieren eine gute Verständigung. Bei großen Teilnehmerzahlen sollten im Konferenzraum mehrere Mikrofonsprechstellen eingerichtet werden, die für Fragen problemlos und schnell von den Journalisten zu erreichen sind. Möglich ist auch der Einsatz mehrerer mobiler drahtloser Mikrofone, die von Mitarbeitern den Journalisten nach der Wortmeldung gereicht werden.

Die Aussteuerung erfolgt über ein Mischpult, das von einer Fachfirma gemietet und betreut werden muß. Wer an akustischen Einrichtungen spart, riskiert, daß der Gesamtablauf beeinträchtigt und wichtige Informationen nicht verstanden werden.

---

[28] Kamera.

Störend sind Außengeräusche. Schon oft haben Geräusche einer Bohrmaschine oder der Lärm von Bauarbeiten den Verlauf einer Pressekonferenz beeinträchtigt. Daher sollten vor dem Beginn der Pressekonferenz mögliche Lärmquellen beseitigt werden.

Wird eine Pressekonferenz in einer Gaststätte veranstaltet, so ist darauf zu achten, daß während der Konferenz nicht "bedient" wird. Das Klappern von Tassen oder das Herumlaufen von Servicepersonal führen zu erheblichen Störungen. Selbstverständlich muß sein, daß in Gaststätten Außenstehende keinen Zutritt zum Konferenzraum haben. In direkt benachbarten Räumen dürfen keine störenden Veranstaltungen stattfinden.

## 7.10. Essen und Trinken

Eine angemessene Versorgung mit Getränken und Gebäck gehört zum Rahmen jeder Pressekonferenz. Üblich sind Kaffee, Tee und Kaltgetränke, wie Mineralwässer und Säfte. Auch ein wenig Gebäck sollte nicht fehlen. Alkoholische Getränke sind nicht opportun.

Die Getränke befinden sich auf den Tischen der Journalisten und Redner. Separate Tische für die Versorgung mit Getränken eignen sich nicht.

Als besonderer Service ist es anzusehen, wenn neben dem Eingang des Pressekonferenzraumes die Möglichkeit besteht, bereits beim Eintreffen Getränke zu erhalten. Dies bietet zugleich die erste Gelegenheit, Journalisten zu begrüßen und ungezwungen mit ihnen ins Gespräch zu kommen.

### 7.10.1. Imbiß

Wurde im Anschluß an die Pressekonferenz zu einem Imbiß eingeladen, so darf es sich nicht um ein üppiges Essen handeln. Eine Suppe, ein kleines Büfett oder andere "Kleinigkeiten" bewegen sich im Rahmen des Üblichen. Der Imbiß muß im Anschluß an die Pressekonferenz schnell serviert wird. Maximal wird für den Imbiß eine Dauer von einer Stunde nach Beendigung der Pressekonferenz eingeplant. Für die Kommunikation förderlich ist es, wenn das Essen nicht an festen Plätzen eingenommen wird. Stehtische fördern kommunikative Prozesse.

Um dem Imbiß eine besondere Note zu verleihen, sollte versucht werden, regionale Besonderheiten zu reichen. Ein Imbiß empfiehlt sich besonders dann, wenn eine Pressekonferenz in die Mittagszeit geht und auch Journalisten teilnehmen, die nicht aus dem Nahbereich kommen. Der Imbiß soll dazu beitragen, nach Beendigung der

Konferenz in ungezwungener Atmosphäre Gespräche zwischen Journalisten und Rednern zu lancieren und sich näher kennenzulernen.

Wird die Pressekonferenz als Pressefrühstück veranstaltet, so signalisiert die Bezeichnung bereits einen lockeren Ablauf, der sich aber an der Struktur einer Pressekonferenz orientiert. Es sollte möglichst vor den Statements gefrühstückt werden. Der Umfang eines Frühstücks sollte ein *petit dejeuner* nicht überschreiten. Zweckmäßig ist es, mit den Statements etwa 15-30 Minuten nach der Begrüßung zu beginnen, um so den Journalisten zu Anfang die Möglichkeit zu geben, ihr Frühstück einzunehmen.

Der weitere Ablauf verschiebt sich dadurch zeitlich nach hinten. Nicht zu empfehlen ist, während der Statements oder der Fragen zu frühstücken.

## 7.11. Rauchen und Handy

Das **Rauchen** in Konferenzen ist nicht mehr gestattet. Die Anstandsregel des Nichtrauchens in Konferenzen gilt auch für Pressekonferenzen. Leiter von Pressekonferenzen müssen zu Beginn einer Pressekonferenz auf das Rauchverbot hinweisen, um Nichtraucher zu schützen.

Die Medien haben in den letzten Jahren immer wieder über die gesundheitlichen Risiken des Rauchens berichtet. Sie haben dieses Thema als Umwelt- und Gesundheitsthema etabliert. Daher sollten Journalisten auch Verständnis für Rauchverbote in Pressekonferenzen aufbringen.

> **> Hinweis zu Beginn: „Bitte stellen Sie Ihr Handy aus!" <**

Klingelnde **Handys** stören den Ablauf einer Pressekonferenz. Aber nicht nur das Klingeln verursacht Störungen, sondern auch das Telefonieren aus Pressekonferenzen. Ein "Stummschalten" dürfte daher in den meisten Fällen nicht ausreichen, um eine ungestörte Pressekonferenz zu bewerkstelligen. Der Hinweis „Ich bitte darum, vorhandene Handys auszuschalten" muß zum Beginn einer Pressekonferenz erfolgen und ist im Sinne aller Teilnehmenden.

## 7.12. Betreuung

Vor, in und nach der Pressekonferenz müssen genügend Mitarbeiterinnen und Mitarbeiter für die Betreuung der Journalisten zur Verfügung stehen. Sie sind z.B. zuständig für: Handreichungen, Antworten auf spezielle organisatorische Fragen, Versenden von Faxmitteilungen, mobile Mikrofone oder die aktive Hilfe zur Bedienung eines durch den Veranstalter gestellten Computers.

Entsprechende Mitarbeiterinnen und Mitarbeiter müssen zu erkennen sein. Ein Namensschild an der Kleidung ist zwingend erforderlich.

## 7.13. Namensschilder

Für alle Redner sind Namensschilder erforderlich, die als Klappschilder oder in ähnlicher Form vor den Rednern aufgestellt werden. Die Namen müssen groß genug und so deutlich geschrieben sein, daß sie von allen Journalisten gelesen werden können. Auf dem Namensschild stehen der Vor- und Familiennamen, der akademische Grad und die Funktion. Für Journalisten werden keine Namensschilder gefertigt.

## 7.14. Anwesenheitsliste

Nicht immer sind alle Journalisten persönlich bekannt, besonders dann nicht, wenn überregionale Medienvertreter an einer Pressekonferenz teilnehmen. Es ist daher ratsam, eine Namensliste auszulegen, in der sich die eintreffenden Journalisten eintragen. Dieses Verfahren hilft, in der Pressekonferenz alle Journalisten namentlich anzusprechen und im Nachklang der Pressekonferenz weiteres Informationsmaterial zuzusenden. Um sich nach dem Eintrag die Namen nicht bekannter Journalisten zu merken, hilft es, sich zu den Namen Erkennungszeichen zu merken.

# 8. Ablauf

Um einen reibungslosen Ablauf zu gewährleisten, empfiehlt es sich, für Moderatoren und Redner einen Ablaufplan zu erstellen. So haben die Veranstalter eine präzise Vorgabe für den Ablauf der Pressekonferenz.

**Ablaufplan**

**Pressekonferenz "Neue Medien"
Donnerstag, 4. Dezember 2002, 11.00 Uhr**

| | | |
|---|---|---|
| 11.05 Uhr | Begrüßung/Anmoderation | Pressesprecherin Regina Willner |
| 11.10 Uhr | 1. Statement | Dr. Werner Lustig |
| 11.15 Uhr | Überleitung | Pressesprecherin Regina Willner |
| 11.16 Uhr | 2. Statement | Karin Jüttner |
| 11.21 Uhr | Überleitung | Pressesprecherin Regina Willner |
| 11.22 Uhr | 3. Statement | Dr. Edmund Schalkowski |
| 11.27 Uhr | Fragen | Journalisten |
| 11.50 Uhr | Abmoderation/Verabschiedung | Pressesprecherin Regina Willner |
| 12.00 Uhr | Interview Dr. Lustig | WDR (Fernsehen) |
| 12.05 Uhr | Interview Dr. Lustig | DLF (Hörfunk) |
| 12.10 Uhr | Interview Karin Jüttner | DLF (Hörfunk) |
| 12.15 Uhr | Interview Dr. Schalkowski | WDR (Fernsehen) |

## 8.1. Struktur

Der Ablauf eine Pressekonferenz unterliegt festen Regeln. Ein erfolgreicher Verlauf ist nur dann gewährleistet, wenn es gelingt, eine Struktur einzuhalten, die eine problemlose Kommunikation ermöglicht. Der interne Ablauf der Kommunikation wird bereits durch eine genaue Zeit- und Ablaufplanung sichergestellt.

**Abbildung 8: Struktur der Pressekonferenz**

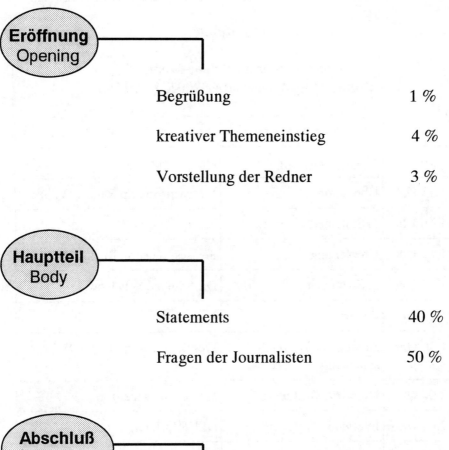

| | |
|---|---|
| Begrüßung | 1 % |
| kreativer Themeneinstieg | 4 % |
| Vorstellung der Redner | 3 % |
| Statements | 40 % |
| Fragen der Journalisten | 50 % |
| Verabschiedung, letzte Hinweise | 2 % |

Ausgehend von der vorgegebenen Struktur, würden sich bei einer Pressekonferenz, die eine Stunde dauert, folgende Zeitabschnitte ergeben. Bei der Berechnung handelt es sich immer um Maximalzeiten.

---

**Beispiel:**

| | |
|---|---|
| Begrüßung | ca. 0.30 Minuten |
| Themeneinstieg | ca. 2.30 Minuten |
| Vorstellung der Redner | ca. 2.00 Minuten |

**Eröffnung/Opening gesamt: 5 Minuten**

| | |
|---|---|
| Statements | ca. 25 Minuten |
| Fragen | ca. 36 Minuten |

**Hauptteil/Body gesamt: 54 Minuten**

Verabschiedung/letzte Hinweise

ca. 1 Minute

**Abschluß/Finish gesamt: 1 Minute**

---

## 8.2. Dauer

Die normale Pressekonferenz sollte nicht länger als maximal 60 Minuten dauern. Nur in absoluten Ausnahmefällen kann ein Zeitraum von maximal 90 Minuten geplant werden. Ein solcher Fall liegt vor, wenn voraussehbar ist, daß das Thema und die Fragen so umfangreich sind, daß im Interesse der Journalisten der übliche Zeitraum ausgeweitet werden muß. Zur Kernzeit gehört nicht eine evtl. im Anschluß an die

Pressekonferenz geplante Besichtigung (Presserundgang). Diese zusätzliche Zeit muß aber bei der Gesamtplanung eingerechnet werden.

> **> Die Pressekonferenz dauert maximal 60 Minuten. <**

Priorität in der Zeitplanung haben immer die Fragen der Journalisten. Nach den Statements ist deshalb den Journalisten genügend Zeit für Fragen zu geben.

## 8.3. Moderation

> **moderieren** = aus dem Lateinischen > moderati <
> "ein Maß setzen, mäßigen, lenken"

Die Übersetzung aus dem Lateinischen beschreibt bereits eindeutig die Aufgabe, die Moderatoren erfüllen sollen. Sie müssen verbindende Informationen und Wörter finden, um den Ablauf einer Pressekonferenz zu lenken und zu leiten. Um diese Ziele zu erreichen, erteilen sie das Wort, unterbrechen bei zu langen Statements, eröffnen und beenden die Pressekonferenz. Auch Ordnungsrufe oder ein energisches Eingreifen sind erlaubt, wenn ein reibungsloser Ablauf nicht mehr gewährleistet ist.

> **Moderator**[29] **(lat.)** = Publizistik: Leiter einer Gesprächsrunde, bes. im Hörfunk und Fernsehen; i. e. S. Redakteur, der die Beiträge einleitet und kommentiert; auch der Leiter von Arbeitsgruppen oder Konferenzen.

---

[29] Der Große Brockhaus, Bertelsmann GmbH, Leipzig/Mannheim, 1998, S. 327.

Nach der Begrüßung der Journalisten folgt ein kreativer Einstieg ins Thema. Dieser soll interessant sein, um eine Spannung für das Thema und die folgenden Statements aufzubauen. Dem kreativen Einstieg folgt die Vorstellung der Redner. Neben dem Namen und der Funktion sollte es, wenn angebracht, auch zu kurzen Erläuterungen zur Person der Redner kommen. Während der Vorstellung sollten noch keine Detailinformationen zu den Rednern gegeben werden. Es empfiehlt sich, Detailinformationen erst unmittelbar vor dem Statement der/des Rednerin/Redners zu geben. Nach der Anmoderation ist bereits einige Zeit vergangen und dort gegebene Informationen zur Person können leicht wieder in Vergessenheit geraten sein. Jeweils vor dem Statement kann eine bessere Zuordnung der Fakten zur Person erfolgen.

Zur Moderation in Pressekonferenzen sagt Beate Sohl, Pädagogische Leiterin der Deutschen Akademie für Public Relations (DAPR):[30]

---

- **Den Leuten den Wind aus den Segeln nehmen:**
  Der Veranstalter sollte von sich aus prekäre Frage ansprechen.

- **Lügen haben kurze Beine:**
  Fehler müssen angesprochen werden, unangenehme Tatsachen dürfen nicht unter den Tisch gekehrt werden.

- **Fragen auf jeden Fall beantworten:**
  Je pampiger die Frage, desto freundlicher die Antwort.

- **Nicht aus der Ruhe bringen lassen:**
  Der Moderator darf in keiner Weise arrogant auftreten. Fragen am besten sammeln und erst nach Ende der Statements zusammenfassen.

---

Moderatoren haben die Kontrolle über den Gesamtablauf der Pressekonferenz. Redewendungen wie „wir glauben", „wir meinen" oder „wir nehmen an" dürfen Moderatoren, aber auch Redner nicht benutzen. Derartige Antworten signalisieren den Journalisten Unsicherheit und Nichtwissen. Besser sind Anworten wie „nach dem derzeitigen Erkenntnisstand", „aufgrund der bisherigen Untersuchungen" oder „zum jetzigen Zeitpunkt". Allen teilnehmenden Journalisten müssen die gleichen Fragemöglichkeiten gegeben werden.

---

[30] Pressekonferenzen, Medienpraxis, journalist 10/1997, S. 6.

> **> Verboten: wir glauben, meinen oder nehmen an <**

Zum Schluß der Konferenz werden bei Bedarf oder bei schwierigen Themen die wichtigsten Aussagen und Ergebnisse noch einmal vom Moderator zusammengefaßt. So wird Mißverständnissen vorgebeugt, die später fehlerhafte Veröffentlichungen zur Folge haben können.

Nicht immer verlaufen Pressekonferenzen wie gewünscht und vorgesehen. Oft wird ein erfolgreich geplanter Ablauf durch "Killerphasen" gestört. Auf derartige Einschnitte müssen sich Moderatoren vorbereiten. Eine der häufigsten Killerphasen sind zu wenige oder sogar fehlende Fragen der Journalisten nach den Statements. Tritt dieser Fall ein, wäre in diesem Moment die Pressekonferenz beendet. Einer solchen Situation kann vorgebeugt werden, wenn Moderatoren maximal drei Verständnisfragen vorbereiten. Die Fragen können vor der Pressekonferenz, aber auch während der Pressekonferenz ausgearbeitet werden, wenn sie sich aus den Statements ergeben. Die Fragen sollten die sachliche Ebene nicht verlassen.

**Beispiel:**

In einem Statement wird von der "enormen Bedeutung" für die Wirtschaft gesprochen. Die Verständnisfrage der/des Moderatorin/Moderators an die Rednerin/Redner könnte lauten: „Vielleicht könnten Sie noch einmal erläutern, was unter der "enormen Bedeutung" für die Wirtschaft zu verstehen ist?"

Für Verständnisfragen eignen sich immer abstrakte Oberbegriffe. Aber auch Fragen zur Definition von benutzten Adjektiven, Anglizismen, Modewörtern oder Fachbegriffen gehören hierzu.

> **> Selbst Fragen stellen, wenn es zu "Killerphasen" kommt.<**

Auch wenn leicht provozierende Fragen durch den Moderator mit Sicherheit lebhafte Antworten und weitere Fragen erwarten lassen, so ist Vorsicht geboten. Wird hierbei die falsche Dosierung gewählt, so besteht die Gefahr, daß Moderatoren nicht mehr ihre Aufgabe wahrnehmen können. Nur in der Leitung von Pressekonferenzen erfahrene Moderatoren sollten bei Bedarf diese Methode einsetzen.

## 8.4. Briefing der Gesprächsteilnehmer

Vor dem Beginn einer Pressekonferenz muß es in einem Briefing zwischen dem Moderator und den Rednern zu einer genauen Absprache der Aussagen kommen. Sind Statements rechtzeitig vor der Pressekonferenz erstellt, so müssen sie vom Moderator miteinander verglichen werden, um widersprüchliche Aussagen zu vermeiden. Kritische Journalisten werden immer versuchen, Widersprüche in den Statements aufzudecken, um unterschiedliche Meinungen zu offenbaren. Eine nicht einheitliche Linie in den Aussagen findet in der Berichterstattung mit Sicherheit ihren Niederschlag.

Vor der Erstellung der Statements ist den Rednern der zeitliche Rahmen vorzugeben. Um Überschneidungen in den Aussagen zu vermeiden, müssen Eckpunkte und Richtungen sowie die Reihenfolge der Statements festgelegt werden. Vereinbart wird auch, wer auf unterschiedliche Fragestellungen in der Thematik antwortet.

Die Redner müssen darauf hingewiesen werden, daß die Redebeiträge frei gehalten werden und nur wichtige Passagen vom Manuskript abgelesen werden dürfen. Redner, die ein Thema beherrschen, signalisieren dies durch die freie Rede. Die Pressekonferenz ist keine Bühne für langweilige Fachvorträge.

Der Moderator gibt den Rednern gegebenenfalls auch Hinweise zu den teilnehmenden Journalisten. Zum Beispiel, von welchen Medien sie kommen und ob es sich um positiv, kritisch oder negativ berichtende Journalisten handelt. Besonders muß auf die negativ oder kritisch eingestellten Journalisten hingewiesen werden, damit die Redner sich auf deren Fragen entsprechend vorbereiten können. Bewährt hat sich auch die Verabredung eines unauffälligen Zeichens zwischen Moderator und Rednern, das als visuelles "Achtung!" vor Fangfragen oder geschickten Fragestellungen warnen soll. Besonders für unerfahrene Teilnehmer einer Pressekonferenz ist dies eine wertvolle Hilfe.

---

### Ablauf des Briefing

⇒ Liegen die Statements rechtzeitig vor? Maximal drei Tage vor der Pressekonferenz.

⇒ Das Briefing sollte in angenehmer Atmosphäre stattfinden, nicht in dem Raum, in dem die Pressekonferenz veranstaltet werden soll (Mithörer!)

⇒ Wichtige letzte Informationen geben.

⇒ Überblick über die Zahl der Journalisten, aus welchen Redaktionen sie kommen und wie sie einzuordnen sind (kritisch etc.).

⇒ Themenschwerpunkt noch einmal besprechen. Welche Nachricht soll gegeben werden?

⇒ Organisatorischer Ablauf (Anmoderation, Statements, Reihenfolge, Zeitvorgabe, Interviews etc.).

⇒ Vereinbarung eines unauffälligen Zeichens.

⇒ Mitteilung über bereits vorhandene Interviewwünsche und Benennung der Interviewpartner.

---

## 8.5. An- und Abmoderation

Die Pressekonferenz sollte immer mit einem zeitlichen Verzug von fünf Minuten beginnen, damit der Beginn der Pressekonferenz nicht durch zu spät kommende Journalisten gestört wird.

---

**> 5 Minuten sind das akademische Viertel der Pressekonferenz. <**

Die Anrede "Liebe Kolleginnen und Kollegen" sollte üblicherweise gewählt werden, da alle, also Pressesprecher und Journalisten der gleichen Berufsgruppe angehören. Lediglich Pressesprecher, die diese Aufgabe nicht hauptberuflich wahrnehmen, sollten auf die kollegiale Anrede verzichten.

Nach der Begrüßung folgt der Einstieg in das Thema der Pressekonferenz mit ersten, kurzen sachlichen Hinweisen. Danach werden die Redner mit genauer Nennung der Funktion, des Vor- und Nachnamen sowie eines evtl. vorhandenen akademischen Grades vorgestellt. Die Journalisten werden nicht vorgestellt. Professionell moderieren, beinhaltet auch, daß dem Moderator die meisten Namen der Journalisten bekannt sind und sie bei einer Wortmeldung namentlich angesprochen werden.

---

**Beispiel:**

Es liegen mir die ersten Wortmeldungen vor:

zuerst
**Frau Grandjean vom Kölner Express**

und danach
**Herr Stopp vom Deutschlandfunk in Köln.**

---

**Beispiel:**

**Fragemöglichkeiten an die Journalisten nach den Statements**

- „Wir kommen jetzt zu den Fragen."

- „Dieses Thema wirft mit Sicherheit einige Fragen auf, zu denen ich jetzt gern Ihre Wortmeldungen entgegennehme."

- „Das war unser letztes Statement. Bitte stellen Sie jetzt Ihre Fragen!"

---

**nicht so gut:**

„Gibt es zu den Statements Fragen?"

**falsch:**

„Gibt es zu den Statements noch Fragen?"

„Gibt es eventuell Fragen?"

„Wenn Sie keine Fragen zum Thema haben, kann ich ..............."

---

Sind alle Fragen beantwortet, bedankt sich die/der Moderatorin/Moderator bei den Journalisten für das Kommen und das Interesse am Thema. Zugleich wird darauf hingewiesen, daß alle Redner noch für weitere Informationen oder Interviews zur Verfügung stehen. Danach folgen weitere organisatorische Hinweise, wie z.B. der Hinweis auf ausliegendes Informationsmaterial oder einen vorbereiteten Imbiß.

## 8.6. Anmoderation und ihre Möglichkeiten

Die Anmoderation bietet verschiedene Varianten, um ein Thema interessant zu gestalten und die Spannung für die Statements aufzubauen. Die häufigste Form – wohl auch die für Pressekonferenz gebräuchlichste und geeignetste – ist die nachrichtliche Darstellungsform.

Geeignet für den Einstieg sind wie in einer Nachricht die "W-Fragen". Aber auch andere Einstiegsformen, wie der Zitaten-Einstieg (Z-Einstieg) eignen sich.

- **Der Zitaten-Einstieg**
  „Ich werde das Unternehmen wieder auf einen erfolgreichen Kurs steuern."
  Diese Aussage unseres neuen Geschäftsführers Dr. Werner Fleißig konnten Sie bereits in der Tagespresse lesen. Heute will er Ihnen erklären, wie dieses Ziel erreicht werden soll. Dr. Werner Fleißig war bisher Geschäftsführer der Firma Koboldt in Saarbrücken und schaffte es, das Unternehmen innerhalb von sechs Jahren wieder wettbewerbsfähig zu machen. Dr. Fleißig ist Volkswirt und war nach seinem Studium in verschiedenen Unternehmen, unter anderem auch in

London und Brüssel, tätig. Herr Dr. Fleißig, wir warten gespannt auf ihr Statement."

Der Zitaten-Einstieg ist für Anmoderationen ein beliebter Einstieg in Pressekonferenzen. Das Zitat muß den Kern des Themas nennen, das in der Pressekonferenz näher erläutert werden soll. Falsch ist es dagegen, wie in einer Rede, beliebige Zitate bekannter oder weniger bekannter Menschen zu wählen, nur um einen rhetorischen Aufhänger zu haben. Zitate müssen den Journalisten bereits eine Nachricht vermitteln, müssen Spannung für die folgenden Aussagen aufbauen.

- **Die sachlich nachrichtliche Hinführung zum Thema**
  „Als er den Vertrag in unserem Unternehmen unterschrieb, da wußte er welche Aufgabe vor ihm lag."

- **Der szenische Einstieg**
  „Schnee fiel, und es war bitter kalt, als Demonstrationen unserer Mitarbeiter in der Innenstadt, Unternehmensbesetzungen und Streiks auf das falsche Management in unserem Unternehmen aufmerksam machten."

- **Die Vorstellung einer Person**
  „Dr. Werner Fleißig war bisher Geschäftsführer der Firma Koboldt in Saarbrücken, ist 45 Jahre alt, verheiratet und hat zwei Kinder. Er schaffte es, das Unternehmen in Saarbrücken innerhalb von sechs Jahren wieder wettbewerbsfähig zu machen. Dr. Fleißig ist Volkswirt und war nach seinem Studium in verschiedenen Unternehmen, unter anderem auch in London und Brüssel, tätig. Er gilt in Fachkreisen als Experte für Unternehmenssanierungen."

- **Der Aufbau einer Autorenperspektive**
  „Als vor wenigen Minuten der Dienstwagen von Dr. Werner Fleißig vor unserem Hauptgebäude vorfuhr und 500 Mitarbeiter erwartungsvoll unseren neuen Geschäftsführer empfingen, da hatte ich das Gefühl, daß unsere Mitarbeiter neue Hoffnung schöpften und ein Ruck durch das Unternehmen gehen könne."

- **Die historische Rückblende**
  „Die Turbulenzen haben sich beruhigt. Vieles ist in den letzten Tagen passiert, bevor bekannt wurde, daß Dr. Werner Fleißig künftig das Unternehmen leiten wird."

- **Wer-Einstieg**
  „Dr. Werner Fleißig hat es sich zum Ziel gesetzt, unser Unternehmen wieder auf einen erfolgreichen Kurs zu steuern. Diese Aussage unseres neuen Geschäftsführers konnten Sie bereits in der Tagespresse lesen. Heute will er Ihnen erklären, wie er dieses Ziel erreichen will."

- **Wann-Einstieg**
„Ab sofort will unser neuer Geschäftsführer Dr. Werner Fleißig unser Unternehmen wieder auf einen erfolgreichen Kurs steuern. Dieses Ziel ist die Kernaussage seines Statements, das Ihnen weitere Einzelheiten erläutern soll. Dr. Werner Fleißig war bisher erfolgreicher Geschäftsführer der Firma Koboldt in Saarbrücken."

- **Was-Einstieg**
„Neue Absatzmärkte, wieder Gewinne in Asien und eine dauerhafte Gesundung unseres Unternehmens sind die Ziele, die unser neuer Geschäftsführer Dr. Werner Fleißig erreichen will. Heute wird er Ihnen erklären, wie dies im Detail geplant ist. Dr. Werner Fleißig war bisher erfolgreicher Geschäftsführer der Firma Koboldt in Saarbrücken."

- **Wo-Einstieg**
„In Saarbrücken schaffte er es innerhalb von sechs Jahren, die Firma Koboldt wieder wettbewerbsfähig zu machen. Auch unser Unternehmen will er wieder auf einen erfolgreichen Kurs steuern. Dieses Ziel unseres neuen Geschäftsführers Dr. Werner Fleißig konnten Sie bereits in der Tagespresse lesen. Heute will er Ihnen erklären, wie dieses Ziel ............"

- **Warum-Einstieg**
„Da unsere Absatzzahlen in Asien in den letzten Monaten zunehmend rote Zahlen waren, mußten wir einen neuen Geschäftsführer suchen, der unser Unternehmen wieder auf einen erfolgreichen Kurs steuern soll. Mit Dr. Werner Fleißig haben wir einen geeigneten Fachmann gefunden. Heute will er Ihnen erklären, wie dieses Ziel erreicht werden soll. Dr. Werner Fleißig war bisher Geschäftsführer der Firma Koboldt."

- **Wie-Einstieg**
„Einsparungen und Rationalisierungen sind die Wege, mit denen unser neuer Geschäftsführer, Dr. Werner Fleißig, unser Unternehmen wieder auf einen erfolgreichen Kurs steuern will. Heute will er Ihnen im Detail erklären, wie dies erreicht werden soll. Dr. Werner Fleißig war bisher Geschäftsführer ..."

- **Quellen-Einstieg**
„Die Deutsche Presseagentur hat bereits bundesweit gemeldet, daß unser Unternehmen wirtschaftlich stark angeschlagen ist. Mit einem neuen Geschäftsführer wollen wir versuchen, die Probleme zu bewältigen. Wie das geschehen soll, wird Ihnen unser neuer Mann an der Spitze unseres Unternehmens, Dr. Werner Fleißig, erläutern. Dr. Werner Fleißig war bisher Geschäftsführer ......."

- **Analytischer Einstieg**
  „Wir haben in der Vergangenheit Fehler gemacht. In der Unternehmenspolitik wurden falsche Ziele gesetzt, nicht immer die richtigen Produkte vermarktet, Quantität vor Qualität gesetzt. Mit einem neuen Unternehmensleiter wollen wir einen erfolgreicheren Weg in die Zukunft beschreiten. Für dieses Ziel steht der Name unseres neuen Geschäftsführers Dr. Werner Fleißig, der unser Unternehmen wieder auf einen erfolgreichen Kurs steuern will. Heute will er Ihnen erklären, wie dieses Ziel erreicht werden soll. Dr. Werner Fleißig war bisher Geschäftsführer der Firma Koboldt in Saarbrücken."

- **Fragen-Einstieg**
  „Wie kann dieses Unternehmen wieder auf einen erfolgreichen Kurs gesteuert werden? Eine Frage, die uns seit Wochen intensiv beschäftigt. Mit unserem neuen Geschäftsführer Dr. Werner Fleißig wollen wir wieder effektiver arbeiten. Heute will er Ihnen erklären, wie dieser Kurs angelegt werden soll. Dr. Werner Fleißig war bisher Geschäftsführer der Firma Koboldt in Saarbrücken und schaffte es, das Unternehmen innerhalb von ......"

Eine Frage zum Beginn der Anmoderation ist zugleich die Verpflichtung, diese durch die Statements zu beantworten. Fragen in der Anmoderation oder zu Beginn eines Statements wecken das Interesse der Journalisten.

- **Schlagzeilen-Einstieg (Aufmerksamkeitswecker)**
  „Es ist 'fünf nach zwölf'. Unser Unternehmen steht kurz vor dem Konkurs. Gehälter werden nicht mehr gezahlt, Zwangsmaßnahmen stehen unmittelbar bevor. Es ist höchste Zeit, die letzte Chance zu ergreifen. Mit unserem kurzfristig unter Vertrag genommenen neuen Geschäftsführer Dr. Werner Fleißig wollen wir schnell aus der Talsohle, wollen unser Unternehmen wieder auf einen erfolgreichen Kurs steuern. Wie dies geschehen soll, wird Ihnen unser neuer Geschäftsführer im Detail erläutern. Dr. Werner Fleißig war bisher Geschäftsführer der Firma Koboldt in Saarbrücken."

Die Schlagzeile zum Beginn einer Pressekonferenz steht als Ausrufezeichen. Sie soll auf eine außergewöhnliche Situation aufmerksam machen. Vor der Anwendung ist eine gewissenhafte Abwägung erforderlich, um die Situation nicht zu verschärfen. Mit der Schlagzeile soll die mögliche Ausweglosigkeit, aber auch ein besonders positives Ereignis deutlich gemacht werden. Die Schlagzeile soll mit einem Paukenschlag das Interesse der Journalisten wecken und diese schlagartig ins Thema bringen.

- **Fotografischer Einstieg**
  „Die Sonne schien, und es waren Temperaturen um 25 Grad. An den Bäumen zeigte sich das erste zarte Grün des Frühlings, und unsere Mitarbeiter waren trotz der schwierigen Situation gut gelaunt und motiviert. Dieses Bild bot sich

unserem neuen Geschäftsführer Dr. Werner Fleißig, als er gestern zum ersten Mal unser Unternehmensgelände betrat. Heute will er Ihnen erklären, wie er unser Unternehmen wieder auf einen erfolgreichen Kurs steuern will. Dr. Werner Fleißig war bisher Geschäftsführer der Firma Koboldt in Saarbrücken."

Die Beschreibung einer Situation ist die szenisch fotografische Möglichkeit für die Anmoderation in einer Pressekonferenz. In der Art eines **Feature** werden Bilder lebendig beschrieben, um so einen bildhaften Einstieg in ein Thema zu finden.

---

## Feature

'Feature' kommt aus dem Englischen und ist der Begriff für 'Merkmal'. Die Definition ist die Bezeichnung für interessante, lebendig geschriebene Texte.

Features sind leicht geschriebene Tatsachentexte, die sich von der Schreibweise der Nachricht abheben. Genauso wie bei der Nachricht sind aber Fakten die Grundlage. Ein Feature beinhaltet keine subjektiven Wertungen. Anders als im Bericht, zoomt sich der Betrachter von der Nähe in die Ferne, vom: „Was ist jetzt?" auf das „Wie kam es dazu?" Ein Feature beginnt meist mit einem szenischen Einstieg, auf den die Nachricht folgt.

**Beispiel:**

Statement in der nachrichtlichen Form:

> 13 Ölgemälde der Oberbürgermeister der Jahre von 1920 bis 1994 wurden heute morgen aus unserem Wuppertaler Rathaus gestohlen.

Die **gefeaturete** oder **angefeaturete Nachricht** liest sich so:

> Weiße Flecken auf leeren Wänden ziehen die Blicke der Besucher an, die sich an diesem Morgen in unser Wuppertaler Rathaus begeben haben. Der Grund: Wenige Stunden nach der offiziellen Öffnung des Rathauses ist immer noch deutlich zu erkennen, daß 13 Ölgemälde der Oberbürgermeister der Jahre 1920 bis 1994 nicht mehr dort hingen,

> wo sie seit Jahrzehnten ihren angestammten Platz hatten. Sie wurden heute morgen gestohlen.

- **Oh-Einstieg**

„Spaten, Betonmischer oder die Maurerkelle gehören nicht zu seinen Arbeitsutensilien. Normalerweise nimmt er keine Werkzeuge in die Hand, wenn es um die Sanierung von Unternehmen geht. Unser Unternehmen will er in der ihm eigenen Art wieder auf einen erfolgreichen Kurs steuern. Dieses Ziel unseres neuen Geschäftsführers Dr. Werner Fleißig konnten Sie bereits in der Tagespresse erfahren. Heute will er Ihnen erklären, wie es erreicht werden soll. Dr. Werner Fleißig war ....."

Der Oh-Einstieg ist ein boulevardmäßiger Einstieg. Die Fakten folgen später. Die Journalisten sollen durch den Oh-Einstieg auf die folgenden Informationen neugierig gemacht werden. Er hat viel Ähnlichkeit mit dem Schlagzeilen-Einstieg, da auch er ein Aufmerksamkeitswecker ist.

## 8.7. Beispiele aus der Praxis

### 8.7.1. Beispiel 1

Zum Start des ersten unbemannten Segelschiffes der Welt, The Relation Ship, entwickelt und gebaut in der Fachhochschule Furtwangen, wurde eine Pressekonferenz im Starthafen veranstaltet. Sie wurde in der Halle einer Werft veranstaltet, in der das Schiff noch einmal überprüft und hochseetauglich gemacht wurde. Die Werfthalle war auch das außergewöhnliche Szenario der Pressekonferenz. Stellwände des Messestandes The Relation Ship, aufgestellt als Umrahmung des inneren Veranstaltungskerns, zeigten Fotos und technische Zeichnungen, gaben weitere visuelle Eindrücke in das Projekt.

Die gesamte Ausstattung, wie Tische und Stühle, Technik etc., wurde entsprechend den Anforderungen einer professionellen Pressekonferenz in die Werfthalle integriert. Das Ergebnis war ein attraktiver und interessanter Veranstaltungsort, der zudem für die Bildmedien außergewöhnliche visuelle Möglichkeiten bot.

An der Pressekonferenz nahmen der Bundesaußenminister sowie Professoren der Fachhochschule Furtwangen teil.

---

**Zeitplan**

11.00 Uhr   Beginn der Pressekonferenz,

11.45 Uhr   Besichtigung, Interviewmöglichkeiten und Fototermin,

12.15 Uhr   Imbiß im Beisein des Bundesaußenministers.

---

Bereits einen Tag vorher wurde den Fernsehmedien und den Fotografen die Chance gegeben, das im Wasser liegende Schiff zu filmen oder zu fotografieren. Ein Mitarbeiter des zuständigen Presseamtes war – abgesprochen mit den Mitveranstaltern Bundesaußenministerium, Fachhochschule Furtwangen und Agentur – den gesamten Tag vor Ort, um die zahlreichen Film- und Fotowünsche zu realisieren. Die Pressekonferenz lief wie folgt ab:

---

**Anmoderation**

Ende Januar wurde das Projekt The Relation Ship – entwickelt in der Fachhochschule Furtwangen – auf der größten Wassersportmesse der Welt, der "boot düsseldorf", der Öffentlichkeit präsentiert.

Von Düsseldorf aus ist das Schiff in 14 Tagen durch den Rhein, verschiedene Kanäle, die Weser und Nordsee kommend, am vergangenen Montag in unserem Hafen eingelaufen.

Hier auf der Neuen Jadewerft wird es für die Weltumsegelung fit gemacht und soll danach im Mai nach Lissabon starten, anschließend die Welt umsegeln und im übernächsten Jahr wieder hierher zurückkehren.

Liebe Kolleginnen und Kollegen!

Ich freue mich, daß sie gekommen sind, und darf Ihnen nach dieser kurzen Einführung ins Thema fachkundige Gesprächspartner vorstellen:

- Er will dem Schiff den nötigen Rückenwind aus Bonn geben, herzlich willkommen
  • Herr Bundesaußenminister.

- Sie kämpfen noch mit etwas Gegenwind, sind aber sicher, daß dieses Projekt erfolgreich endet. Dies sind:

  • der Rektor der Fachhochschule Furtwangen, Prof. Dr. Walter Zahradnik

  • und, ebenfalls von der Fachhochschule Furtwangen, Prof. Martin Aichele.

## Überleitung zum 1. Statement

Als Bundesaußenminister hat er das Projekt bereits tatkräftig unterstützt. Rückenwind gab es nicht nur in finanzieller Hinsicht. Herr Bundesaußenminister, welche Bedeutung hat das Vorhaben für Deutschland?

### Statement Bundesaußenminister

## Überleitung zum 2. Statement

Von der Fachhochschule Furtwangen im Schwarzwald wird gesagt, sie sei eine "Hochschule auf höchstem Niveau", sie liegt 900 m über dem Meeresspiegel. Hier und heute befinden wir uns einen Meter unter dem Meeresspiegel.

Herr Prof. Dr. Walter Zahradnik wird dieser Abstieg zur Nordseeküste zum Aufstieg für eine neue, in Deutschland entwickelte Technologie?

### Statement Rektor der Fachhochschule Furtwangen

## Überleitung zum 3. Statement

Er hat das Vorhaben von Anfang betreut und mit seinen Kollegen, trotz manchmal großer Probleme, zielstrebig am Projekt gearbeitet. Die Technik ist sein Bereich, und er kann uns erläutern, wie das Schiff unbemannt durch die Ozeane der Welt segeln soll. Prof. Dr. Aichele gilt als erstklassiger Fachmann auf dem Gebiet der satellitengesteuerten Navigation.

### Statement Prof. Dr. Martin Aichele

Mit diesem Statement sind wir am Ende der thematischen Einführung des interessanten Projektes, zu dem Sie, wie ich bereits bemerkt habe, viele Fragen haben.

### Fragen der Journalisten

Wie ich sehe, sind keine weiteren Wortmeldungen vorhanden. Erlauben Sie mir noch einen Hinweis zum jetzt folgenden Ablauf. Es folgt unmittelbar der Presserundgang mit dem Bundesaußenminister. Dabei besteht die Möglichkeit, auch Interviews zu machen. Soweit diese noch nicht angemeldet wurden, bitte ich Sie, dies bei mir zu tun.

Spezielle Fragen beantworten auch gern die anwesenden Professoren und Studenten der FH Furtwangen. Nach dem Presserundgang darf ich Sie im Namen des Bundesaußenministers zu einem Imbiß in das Verwaltungsgebäude der Werft einladen, das sich direkt am Ausgang des Werftgeländes befindet.

Ich danke Ihnen bereits jetzt für Ihre Teilnahme und Ihr Interesse an diesem Projekt. Wir werden Sie über den weiteren Verlauf kontinuierlich informieren.

### Beginn Presserundgang

## 8.7.2. Beispiel 2

Eine Pressekonferenz im Vorfeld des "Event Millenium" sollte über den derzeitigen Stand der Planungen informieren. Um von dem Veranstaltungsgelände einen visuellen Eindruck zu vermitteln, begann die Pressekonferenz mit der Vorführung eines vierminütigen Videos, das auf einem Großbildschirm gezeigt wurde.

**Video**

**Anmoderation**

Liebe Kolleginnen und Kollegen!

Mit diesem etwas ungewöhnlichen Beginn einer Pressekonferenz sollten Sie einen kurzen Einblick in das Projekt durch unser Video erhalten.

In genau 18.048 Stunden oder auch 752 Tage wird das "Event Millenium" eröffnet.

Die Veranstaltung hat in den letzten Monaten unaufhaltsam Fahrt aufgenommen. Alle am Projekt Beteiligten haben intensiv die Untervorhaben mit Leben erfüllt. Wir wollen Ihnen heute, mitten im zukünftigen Veranstaltungsgelände, den Stand der Planungen, aber auch erste Umsetzungen präsentieren.

Dazu darf ich Ihnen vorstellen an meiner rechten Seite:

- den Oberbürgermeister dieser Stadt, ...............................................
- den Geschäftsführer der Projekt GmbH, ...........................................

zu meiner linken Seite:

- den Beauftragten des Events Millenium, ..........................................
- den Oberstadtdirektor dieser Stadt, ................................................

**Überleitung zum 1. Statement**

Hinter einem solchen Projekt müssen alle stehen, vor allem die Politik. Er hat sich dies zur Aufgabe gemacht und die Politik einmütig hinter das Vorhaben gebracht, Oberbürgermeister .................................................

**Statement Oberbürgermeister**

### Überleitung zum 2. Statement

Er brachte 1981 unsere Stadt durch ein Schreiben an den Ministerpräsidenten für das "Event Millenium" ins Gespräch und leitet jetzt die Lenkungs-
gruppe. In dieser Eigenschaft wird er uns jetzt den Planungsstand erläutern.
Ich bitte daher Oberstadtdirektor ............................. um sein Statement.

### Statement Oberstadtdirektor

### Überleitung zum 3. Statement

Der Registrierung im Herbst 1996 folgten die Geburtsvorbereitungen in Ab-
stimmung mit dem Land. Er war einer der Geburtshelfer und kennt mittlerweile unsere Stadt besser als seine eigene, ..............................................

### Statement Beauftragter

### Überleitung zum 4. Statement

Seine Haarfarbe hat aufgrund nicht immer leichter Arbeit und häufigen Problemen in den letzten Monaten die ersten "grauen Signale" erhalten. Dennoch
oder gerade deshalb ist er derjenige, der das Vorhaben vorantreiben und um-
setzen soll, der Geschäftsführer der Projekt GmbH und Verantwortliche des
Büros "Event Millenium", ...............................

### Statement Projektleiter

Damit sind wir am Ende unserer Statements. Ich bitte Sie um Ihre Fragen.

### Fragen der Journalisten

Soweit ich feststellen kann, sind keine weiteren Fragen mehr vorhanden.
Zum Abschluß noch zwei Hinweise. Wir haben für Sie einen kleinen Imbiß
im Foyer vorbereitet, zu dem ich Sie herzlich einladen darf. Die Gesprächsteilnehmer stehen Ihnen natürlich im direkten Anschluß an diese Pressekonferenz für weitere Informationen und Interviews zur Verfügung.

Ich darf mich bereits jetzt für Ihre Teilnahme bedanken und wünsche Ihnen
eine gute Rückfahrt. Wir werden Sie in den nächsten Wochen und Monaten
immer aktuell zu dem Thema informieren.

## 8.7.3. Beispiel 3

Ein neues Unternehmen siedelte sich in Hamburg an. Das Unternehmen und die Stadt stellten Anfang Januar die Ansiedlung in einer Pressekonferenz vor.

Die Pressekonferenz wurde in der Nähe des Ortes veranstaltet, an dem das Unternehmen sich ansiedelte.

Vom Ort der Pressekonferenz war das Gebäude zu sehen und konnte gefilmt und fotografiert werden. Ein Modell zeigte das Gebäude nach dem Umbau, ergänzt durch farbige Planskizzen. Als besonderer Gag, gerade um die eintönigen Bilder einer Pressekonferenz zu durchbrechen, wurde vereinbart, daß der 1. Bürgermeister nach seinem Statement dem Leiter des neuen Unternehmens die Stadtflagge als symbolischen Akt der Ansiedlung überreicht. Die Übergabe eignete sich hervorragend für ein Foto bzw. für eine Filmsequenz.

---

**Anmoderation**

Wir haben diesen Ort für die heutige Pressekonferenz gewählt, weil er in mittelbarer Nähe des Ortes liegt, an den die BAKA hier in Hamburg "wesentliche Aktivitäten"[31] verlagern will.

Liebe Kolleginnen und Kollegen!

Ich begrüße Sie herzlich auf dem Hotelschiff "Nordsee" mit Blick auf das Hafengebiet und auf das zukünftige Domizil der BAKA am Elbufer.
Ich darf Ihnen an meiner linken Seite den 1. Bürgermeister der Stadt Hamburg,

Dr. Kurt Mustermann,

an meiner rechten Seite aus dem Geschäftsbereich Entwicklung der BAKA, die Leiterin der Abteilung Systeme,

Frau Sybille Wencke-Thiem,

und daneben die Wirtschaftssenatorin der Stadt Hamburg,

---

[31] Wurde wörtlich der Pressemitteilung der BAKA entnommen.

Frau Iris Bartnik,

vorstellen.

### Überleitung zum 1. Statement

Ein neues Jahr beginnt am eindrucksvollsten mit positiven Nachrichten, die Hamburg immer brauchen kann. Darüber freut sich nicht zuletzt der 1. Bürgermeister dieser Stadt, der uns jetzt diese Freude mit Sicherheit in seinem Statement vermitteln wird.

**Statement 1. Bürgermeister**

### Überleitung zum 2. Statement

Grund für die Verlagerung nach Hamburg war eine Neuorientierung der BA-KA. Diesen und die weiteren Aspekte wird uns nun Frau Sybille Wencke-Thiem erläutern:

**Statement BAKA**

### Überleitung zum 3. Statement

Für Hamburgs Wirtschaftssenatorin ist die Ansiedlung neben den vielen positiven Aspekten, die bereits erläutert wurden, besonders eine Arrondierung des Bereiches um den Großen Hafen, die sie uns jetzt verdeutlichen will.

**Statement Wirtschaftssenatorin**

Vielen Dank, Frau Wirtschaftssenatorin. Damit sind wir am Ende der Statements angelangt. Liebe Kolleginnen und Kollegen, wir kommen jetzt zu den Fragen.

**Fragen der Journalisten**

Ein Blick auf die Uhr zeigt, daß wir uns dem Ende der Pressekonferenz genähert haben. Wenn keine Fragen mehr vorhanden sind, darf ich Ihnen für Ihre Teilnahme danken und die Pressekonferenz beenden, allerdings nicht ohne den Hinweis, daß die Teilnehmer Ihnen für weitere Informationen und Gespräche zur Verfügung stehen. Im Namen der Veranstalter darf Sie zu einem kleinen Imbiß in den Nebenraum einladen.

## 8.8.1. Zahl der Redner und der Dolmetscher

Es gilt der Grundsatz: Es dürfen nie mehr Redner an einer Pressekonferenz teilnehmen als Journalisten. Andernfalls würde dies zu einem überproportionalen Verhältnis zwischen Rednern und Journalisten führen. Damit ein Sachverhalt fachkundig erläutert werden kann, muß eine genaue Auswahl der Redner einer Pressekonferenz getroffen werden. Weitere Fachleute/Sachbearbeiter sollten je nach Umfang des Themas anwesend sein. Diese sitzen entweder hinter den Rednern oder an der Seite. Zu empfehlen ist die unmittelbare Nähe hinter den Rednern, um so den Rednern schnell ergänzende Informationen zu entsprechenden Fragen der Journalisten zu geben. Fachleute/Sachbearbeiter dürfen sich nicht selbst einbringen. Fachleute können aber auch direkt Antworten auf entsprechende Fragen geben, wenn die befragten Redner oder evtl. der Moderator – in Absprache mit den Rednern – dazu auffordern. Ein derartiges Verfahren ist im Briefing genau festzulegen.

Erfahrene Dolmetscher müssen eingesetzt werden, wenn die internationale Presse teilnimmt oder ausländische Fachleute als Vortragende eingeplant sind, die nicht über ausreichende Deutschkenntnisse verfügen. Bei großen, international ausgerichteten Pressekonferenzen ist der Einsatz einer Simultan-Dolmetscheranlage zwingend erforderlich. Die Miete für eine derartige Anlage und die Honorare für die entsprechenden Dolmetscher können leicht bis zu 40.000 DM kosten.

> **> Nie mehr Redner und Fachleute als Journalisten! <**

## 8.8.3. Reihenfolge der Reden

Das erste Statement sollte immer der/die wichtigste[32] oder ranghöchste Vertreter/in geben. Dabei kommt es auf die Art des Themas und der Veranstaltung an.

---

[32] Bei der Pressekonferenz zur Eröffnung einer neuen Kunsthalle kann der/die Kunsthallenleiter/in der/die erste Redner/in sein, wenn im Mittelpunkt die künstlerische Ausrichtung der neuen Einrichtung steht. Ein/e Oberbürgermeister/in tritt dann in die zweite Reihe. Die Rangfolge der Redner muß mit sehr viel Fingerspitzengefühl geplant werden. Eine sensible Abgrenzung zwischen Thema und Rednern ist erforderlich. Hieraus ergibt sich die Folge der Redner.

Eine feste Regelung hierfür gibt es nicht. Je nach Situation und Personen muß es zu einer einvernehmlichen Absprache im Sinne des Themas der Pressekonferenz kommen. Die Festlegung der Rangfolge der Redner ist immer wieder ein Problem, da auch Eitelkeiten zu berücksichtigen sind.

---

> **Wichtig ist nicht, wer "wann" etwas sagt, sondern wer "was" sagt!** <

---

Journalisten interessiert nicht die Reihenfolge der Statements. Sie wollen interessante Fakten, egal ob diese im 1. oder 3. Statement mitgeteilt werden.

---

**Beispiele:**

**Ansiedlung eines Unternehmens in der Stadt X mit Hilfe der Stadt**

**1. Redner:** Unternehmenschef oder evtl. Aufsichtsratsvorsitzender
**2. Redner:** Oberbürgermeister
**3. Redner:** weiterer Vertreter des Unternehmens
**4. Redner:** weiterer Vertreter der Stadt, evtl. Wirtschaftsförderer

**alternativ**

**1. Redner:** Oberbürgermeister
**2. Redner:** Vertreter des Unternehmens ............................................
..............................................................................................
..............................................................................................

Die Festlegung der Rangfolge der Redner sollte berücksichtigen, wer die wichtigsten Informationen geben kann.

---

Nach dem Prinzip der abnehmenden Wichtigkeit der Informationen sollten zuerst die Hauptakteure reden, diejenigen also, welche die wichtigsten Informationen geben können. Die folgenden Redner geben weitere Detailinformationen zum Thema.

Sollte es zur Teilnahme außergewöhnlich prominenter Redner kommen, wie Ministerpräsidenten, Minister, hohe geistliche Würdenträger etc., so muß aus protokollarischen Gründen diesen Personen das 1. Statement gegeben werden, egal ob sie die wichtigsten Informationen geben oder nicht.

---

**Beispiel:**

An der Pressekonferenz zur Eröffnung eines neuen Theaters nimmt auch die Kultusministerin des Landes teil, da das Land einen Zuschuß in Höhe von 10 Prozent der Baukosten gewährt hatte. Die restlichen 90 Prozent wurden durch die Stadt sowie Privatpersonen aufgebracht. Die Veranstalter wären trotzdem aus protokollarischen Gründen gut beraten, die Ministerin zuerst sprechen zu lassen, obwohl die wichtigsten Informationen zum Theaterneubau andere Gesprächsteilnehmer geben werden.

---

## 8.9. Fragen der Journalisten

Nach den Statements kommt es unmittelbar zu den Fragen der Journalisten. Journalisten halten in den meisten Fällen eine kritische Distanz zu den Aussagen der Redner, damit Berichte objektiv werden. Dies wird bereits in den Fragestellungen deutlich.

Zur gründlichen Vorbereitung einer Pressekonferenz gehört es, sich auf alle möglichen Fragen im Vorfeld einzustellen. Es ist empfehlenswert, sich vorher bei Journalisten, zu denen ein guter Kontakt besteht, über das Stimmungsbild zum Thema der Pressekonferenz zu erkundigen. Die Antworten geben bereits Rückschlüsse auf den evtl. Verlauf der Pressekonferenz. Fragen müssen sachlich und ohne Emotionen beantwortet werden. Die Veranstalter dürfen sich durch keine noch so kritische oder sogar provozierende Fragestellung von der Ebene der Sachlichkeit lösen.

Die Reihenfolge der Wortmeldungen ist zu beachten. Zweckmäßig ist es, Fragen zu sammeln, die dann gemeinsam beantwortet werden. Es ist aber zulässig, daß Journalisten auch Zusatzfragen stellen. Diese haben Vorrang vor neuen Fragen anderer Journalisten. Journalisten signalisieren derartige Fragen durch das Wort **"Zusatz"**. Eine Zusatzfrage sollte zugelassen werden, um andere Fragesteller nicht zu benachteiligen. Sie warten dabei nicht, bis sie wieder an der Reihe sind. Zusatzfragen werden meist aus den Antworten formuliert, wenn diese nicht eindeutig genug beantwortet wurden. Antworten sollten daher erschöpfend sein und keinen Anlaß zu Nachfragen geben.

---

> **Der Hinweis "Zusatz" signalisiert eine ergänzende Frage.** <

---

Ist die vorgesehene Zeit für die Fragen abgelaufen bzw. erkennbar, daß sich Fragen wiederholen oder in ähnlicher Art bereits gestellt wurden, muß der Moderator die Fragezeit mit dem Hinweis „Die letzte Frage, bitte!" beenden.

Erfahrene Journalisten werden die Chance nutzen, auch persönliche Meinungen der Redner zum Thema zu erfragen. Um nicht unvorbereitet in eine Pressekonferenz zu gehen, recherchieren Journalisten bereits vorher zum Thema.

Journalisten zitieren gern aus zurückliegenden Aussagen zum gleichen Thema. Es muß davon ausgegangen werden, daß sie diese den Aussagen gegenüberstellen. Wird falsch zitiert, muß unmittelbar widersprochen werden. Aber auch Fakten und Sachverhalte können sich ändern. Daher können zurückliegende Aussagen durch neue Fakten oder Sachverhalte revidiert werden. Vorsicht ist geboten, wenn Journalisten versuchen, den Rednern Suggestivantworten in den Mund zu legen. Dazu gehören Fragestellungen wie: „Ist es nicht wahr, daß ...............", „Haben Sie nicht versäumt, ..............." oder „Allgemein ist man der Meinung, daß ...............".

Der Moderator ist gefordert, derartige Fragestellungen aufzugreifen, umzuformulieren oder zurückzuweisen. Journalisten müssen ihre kritischen Fragen oder Anmerkungen "ungebremst" äußern dürfen. Die Antworten darauf müssen sachlich, nicht polemisch sein. Vorsicht ist geboten, wenn durch unbedachte Gesten wie Kopfnicken eine unbewußte Zustimmung zu den Fragen der Journalisten gegeben wird, die nicht signalisiert werden sollte.

Auf einem Papier sollte notiert werden, welche Reihenfolge der Wortmeldungen vorliegt. Professionell ist es, die Journalisten mit Namen (evtl. auch Vornamen) und Redaktion zu nennen. Um dabei die Übersicht nicht zu verlieren oder der Vergeßlichkeit von Namen vorzubeugen, ist zu empfehlen, sich einen Sitzplan anzufertigen. So gehen auch in der Hektik der Diskussion keine Namen verloren.

**Abbildung 9: Sitzplan der Medienvertreter**

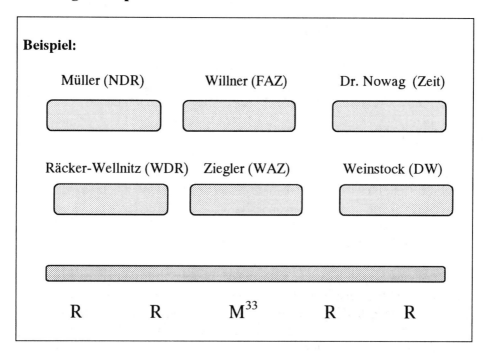

## 8.10. Antworten

Auf Fragen von Journalisten muß kurz und schlüssig reagiert werden. Antworten dürfen nicht für weitere langatmige Statements genutzt werden. Es ist nicht erlaubt, Themen anzusprechen, die in keinem Zusammenhang mit dem Thema der Pressekonferenz stehen.

Antworten sind allgemein gültig. Sie können von allen anwesenden Journalisten verwendet werden. Verboten ist es, neue Aspekte, spezielle oder detaillierte Antworten, die auf Fragen von Journalisten gegeben wurden, für eine aktuelle eigene Pressemitteilung zu verwenden. Die aktive Teilnahme an einer Pressekonferenz ist, wie bereits ist mehrfach erwähnt, ein Vorteil für die Teilnehmer. Dieser **Vorteil** muß durch den Veranstalter geschützt werden. Wird gegen dieses ungeschriebene Gesetz verstoßen, so wird es in der Folge dazu kommen, daß die Medienpräsenz bei zukünftigen Pressekonferenzen zahlenmäßig zurückgeht.

---

[33] M = Moderator, R = Redner.

---

## Die Teilnehmerzahlen sinken. Was tun?

Die folgende Methode ist erlaubt, wenn über einen längeren Zeitraum ein starker Rückgang der Teilnehmerzahlen festgestellt wird. Vor der Anwendung dieses Verfahrens ist aber selbstkritisch zu prüfen, ob die Gründe nicht in zu häufig veranstalteten Pressekonferenzen oder unwichtigen Themen zu finden sind.

Eine regelmäßige und zuverlässige Versorgung mit Presseinformationen nach Pressekonferenzen an nicht teilnehmende Journalisten kann dazu führen, daß sich der Trend zum Fernbleiben verstärkt. "Warum teilnehmen? Wir erhalten ja die notwendigsten Informationen vom Veranstalter." Diese Einstellung ist kein Einzelfall. Was ist zu tun?

Die Teilnehmerzahlen werden dann wieder steigen, wenn entgegen dem bisherigen Verfahren erst dann die Pressemitteilung versandt wird, wenn die überwiegende Zahl der an der Pressekonferenz teilnehmenden Journalisten ihre Berichte bereits veröffentlicht hat. Dieses Verfahren würde vom erläuterten normalen Verfahren abweichen, ist aber auch nur im Notfall anzuwenden. Diese Vorgehensweise muß der **absolute Ausnahmefall** sein und muß sofort beendet werden, wenn die Teilnehmerzahlen wieder steigen.

---

Die Teilnahme an einer Pressekonferenz bedeutet, aktuelle Informationen zu erhalten und diese mit den eigenen journalistischen Zielen in der Berichterstattung zu verknüpfen. Dazu gehört es, eigene Fragen zu stellen und sich so einen eigenen journalistischen Weg aufzubauen.

Redner müssen sich intensiv auf mögliche kritische Fragen vorbereiten. Kritische Fragestellungen gehören zur Arbeitsweise der Journalisten. Es ist zweckmäßig, sich in die Köpfe der Journalisten zu versetzen, um Denkweisen zu verstehen. Redner sollten davon ausgehen, daß es zu kritischen Fragen kommt. Eine intensive Vorbereitung auf kritische Fragen erhöht die eigene Sicherheit für alle Aspekte des Themas.

---

### Vorbereitung auf kritische Fragen

• Welche kritischen Argumente könnten Journalisten nennen?

• Wie kann derartigen Argumenten entgegengetreten werden?

• Habe ich noch Fakten und Argumente in der Reserve, um auf kritische Fragen zu antworten?

• Kennen Journalisten evtl. negative Beispiele aus der Vergangenheit, die einen Bezug zum Thema der Pressekonferenz haben?

• Haben Journalisten Informationen von Insidern oder belastendes Material, die veröffentlicht werden könnten? Wenn ja, welche Fakten sind vorhanden, um sie zu entkräften.

• Welche möglichen Fragen kann ich erwarten und durchdenken, um mich auf entsprechende Antworten vorzubereiten?

---

## 8.11. Interviews

Interviews von Hörfunk und Fernsehen werden grundsätzlich nach Beendigung der Pressekonferenz vereinbart. Nur **in Ausnahmefällen** sind Interviews **vor** einer Pressekonferenz erlaubt. Ist dies aus zwingenden, nachvollziehbaren Gründen erforderlich, so muß darauf hingewiesen werden, daß die Interviews erst **nach** Beendigung der Pressekonferenz gesendet werden.

---

**Beispiel:**

An der Einweihung einer neuen wissenschaftlichen Einrichtung mit musealer Ausrichtung nahm auch der Ministerpräsident eines Bundeslandes teil. Die Pressekonferenz war für 11.00 Uhr geplant. Ein Presserundgang durch das neue Museumgebäude fand aus terminlichen Gründen

> des Ministerpräsidenten bereits um 10.00 Uhr statt, da er um 11.45 Uhr wieder abreisen mußte.
>
> Bedingt durch die Terminnot des Ministerpräsidenten, wurde den Journalisten erlaubt, bereits vor der Pressekonferenz Interviews zu führen. Die betreuenden Mitarbeiter wurden allerdings darauf hingewiesen, während des Presserundganges keine detaillierten Informationen zu geben.

Das im o.a. Beispiel erörterte Verfahren sollte nur ausnahmsweise gewählt werden, da es für sehr viel Hektik sorgt. Ein geordneter Ablauf ist während eines Presserundganges nur schwer zu gewährleisten, da immer wieder Interviews oder Fotos spontan gemacht werden. Aus diesen Gründen kann sich auch der Beginn der Pressekonferenz verzögern.

Nach Beendigung der Pressekonferenz muß genügend Zeit für Interviews eingeplant werden. Interviewwünsche sollten, wenn möglich, durch die Medien bereits mit der Anmeldung unter Angabe der beabsichtigten Zeit angemeldet werden. Kurzfristig ist dies noch vor dem Beginn der Pressekonferenz möglich. Vorrang haben allerdings die langfristigen Interviewwünsche. Eine zeitliche Reihenfolge ist festzulegen. Grundsätzlich wird die Reihenfolge nach dem Eingang der Anmeldungen festgelegt. Besondere Gegebenheiten müssen aber berücksichtigt werden.

Bei der Festlegung der Reihenfolge ist auf besondere Wünsche Rücksicht zu nehmen. Dies können Sendezeiten sein, evtl. direkt im Anschluß an die Pressekonferenz oder in einer zeitlichen Nähe. Weiter ist darauf Rücksicht zu nehmen, wie die Rückfahrzeiten in die Studios sind. Dabei sollten die am entferntesten arbeitenden Journalisten die Möglichkeit haben, ihre Interviews zuerst zu machen, es sei denn, aktuelle Sendezeiten anderer Teams haben Priorität.

Ein Interview muß aktiv geführt werden. Dies bedeutet, daß Fragen inhaltsreich und sachlich beantwortet werden müssen. Die Redewendung "Kein Kommentar" ist ein Absurdum, da eine Pressekonferenz – auch durch Interviews – umfassend informieren will. Prompte und schlagfertigen Antworten des Interviewten vermitteln später den Lesern, Hörern und Zuschauern Sicherheit im Thema. Umschreibungen und ein "nicht auf den Punkt Kommen" signalisieren, daß sich Interviewte "herausreden" wollen.

Die gern gewählte Antwortform „Bevor ich auf Ihre Frage eingehe, lassen Sie mich kurz noch einen anderen Punkt ansprechen." zerstört ein Interview. Der Journalist will auf seine Fragen klare Antworten und keine Nebenthemen. Derartige Floskeln und Antworten werden später im Studio geschnitten.

---

### Checkliste Interview

- Richtige Auswahl der Interviewten (fachlich, rhetorisch, Sicherheit);

- Interviewtraining;

- Briefing;

- Welche Botschaft soll das Interview vermitteln?

- Dauer des Interviews;

- Kenntnis des Interviewers (kritischer Journalist etc.);

- einfache, sachliche Sprache;

- offene Haltung;

- Bewertung der Fakten;

- Bewertungsunsicherheiten argumentativ verdeutlichen;

- keine Angriffe und Polemik;

- Mitschnitt;

- Autorisieren des Interviews.

---

## 8.11.1. Rechte des Interviewten

Zum Interview gehört das Recht – diese Möglichkeit gibt es nur in der jounalistischen Darstellungsform des Interviews – die redigierte Fassung vor der Veröffentlichung zu genehmigen (autorisieren). Es darf erst dann veröffentlicht werden, wenn die Betroffenen die endgültige Fassung genehmigt haben. Das Interview ist ein urheberrechtlich geschütztes Werk, wenn das Gespräch, insbesondere durch kritische Würdigung oder Stellungnahme, eine individuelle Formprägung aufweist. Bei einem Nachdruck muß die Quelle angegeben werden.[34] Praktisch möglich ist dies nur bei Interviews in Printmedien. Vor einem Interview muß das Recht auf Revision vereinbart werden, da ansonsten Journalisten von einem Verzicht auf dieses Recht ausgehen könnten. Interviewte haben mit der Revision die Chance, die vorliegende Interviewfassung zu verändern, wenn die nachträgliche Bearbeitung nicht mehr ihrer Intention entspricht bzw. sie der Auffassung sind, daß diese nicht so wie im Interview wiedergegeben wurde. Es können ganze Sätze zurückgenommen und neue hinzugefügt werden.

Wird trotz einer Vereinbarung das zur Veröffentlichung bearbeitete Interview nicht vorgelegt, so liegt ein Verstoß gegen das Persönlichkeitsrecht vor. Interviews in Hörfunk und Fernsehen sind dagegen die "unverfälschte" Wiedergabe des Gesagten, da eine Korrektur nicht üblich und oft aus zeitlichen und technischen Gründen nicht möglich ist. Dies gilt besonders für Interviews nach Pressekonferenzen.

Die Möglichkeit der Revision wird zu selten von Interviewten gefordert. Der Nachteil besteht darin – und dies kann negative Effekte für die "Farbe" eines Interviews haben –, daß durch eine Revision spontan gegebene emotionale Antworten gestrichen oder verändert werden. Aussagen werden gemildert und der Text in ein perfektes Deutsch gebracht. Nach dem Redigieren wird der Journalist versuchen, Änderungen wieder mit dem Interviewten zu besprechen, evtl. zu negieren, weil sie ihm so nicht gefallen. Dadurch kann die Aktualität verlorengehen. Durch eine Revision kann es zu einer zeitlichen Verzögerung kommen. Im schlimmsten Fall kann dies dazu führen, daß ein Interview nicht veröffentlicht wird.

Das Recht auf Revision ist besonders nach Pressekonferenzen schwer umsetzbar, da gerade Hörfunk und Fernsehen unmittelbar nach dem Interview berichten werden. Vor der Veröffentlichung in Printmedien, die in den meisten Fällen erst am nächsten Tag erfolgen, ist die Autorisierung jedoch möglich. Sie sollte allerdings nur in Anbetracht der Kürze bis zur Veröffentlichung in Anspruch genommen werden, wenn kritische Fragestellung oder Aussagen zu heiklen Themen dies erforderlich machen.

## 8.12. Presserundgänge

Presserundgänge, vor oder nach Pressekonferenzen, ergänzen die Pressekonferenz, geben und zeigen wichtige Hinweise zum Thema. Sie müssen eingeplant werden, wenn die Informationsvermittlung in einer Pressekonferenz nicht ausreicht.

---

[34] Deutscher Presserat, Pressekodex, Ziffer 2, Richtlinie 2.4.

Ein Presserundgang sollte einen Zeitraum von maximal 45 Minuten nicht überschreiten. Es gilt der Grundsatz: Je kürzer, desto effektiver. Grundsätzlich sollten Presserundgänge **nach** einer Pressekonferenz stattfinden. Müssen sie aus organisatorischen Gründen vorher veranstaltet werden, ist darauf zu achten, daß nur einzelne kleine Hinweise und Erläuterungen zum Thema gegeben werden, um die daran anschliessende Pressekonferenz nicht hinfällig werden zu lassen.

---

**Beispiel:**

Eine Ministerin nahm an der Pressekonferenz zur Einweihung einer bedeutenden kulturellen Einrichtung teil. Die Ministerin wollte an einem Presserundgang teilnehmen, da auch Fotografen und Fernsehteams den Wunsch äußerten, sie medienwirksam vor entsprechenden Exponaten zu fotografieren und zu filmen. Da die Ministerin unmittelbar nach Beendigung der Pressekonferenz zu einem anderen Termin mußte, wurde der Presserundgang vorgezogen.

Die teilnehmenden Journalisten wurden darauf hingewiesen, daß Fragen nur allgemein beantwortet werden und eine genaue Beantwortung nur während der Pressekonferenz erfolgt. Diesen Hinweis erhielt auch die Ministerin.

Da auch Hörfunk und Fernsehen Interviews machten, wurde durch direkte Ansprache der Journalisten vorher sichergestellt, daß diese erst nach Beendigung der Pressekonferenz veröffentlicht wurden. Auch die betreuenden Mitarbeiter wurden darauf hingewiesen, während des Presserundganges keine detaillierten Informationen zu geben. Besonders Mitarbeiter oder andere Hilfskräfte muß eindringlich diese Vorgehensweise auferlegt werden, da sie sich durch die direkte Ansprache von Journalisten geschmeichelt fühlen und bereitwillig Auskünfte erteilen.

# 9. Moderator

Tritt fest auf,
mach's Maul auf,
hör bald auf!

Martin Luther

Wer sollte eine Pressekonferenz leiten? Es muß sich um jemanden handeln, der objektiv zwischen den Rednern und den Journalisten steht, der die Kunst der Moderation beherrscht und "im Thema" ist. Moderatoren müssen über das nötige fachliche Know-how verfügen. Dies bedeutet, daß sie sich vor einer Pressekonferenz intensiv mit der Thematik beschäftigen müssen und sich auf das Konferenzthema vorbereiten. Sie müssen wissen, worum es geht und wer zu bestimmten Fragen die sachlichsten Antworten geben kann.

Moderatoren müssen alle Gesprächsteilnehmer kennen, spätestens nach dem Briefing. Grundsätzlich sollte die Moderation von dem **Pressesprecher** eines Unternehmens, einer Behörde etc. übernommen werden, da er in der Regel die Teilnehmer kennt und täglichen Kontakt zur Presse hat.

Nur in Ausnahmefällen sollten andere Personen die Moderation übernehmen. Niemals dürfen Unternehmenchefs, Vorstandsvorsitzende, Oberbürgermeister oder Minister die Pressekonferenz selbst leiten, damit zumindest der Anschein der Objektivität gewahrt wird. Darüber hinaus ist die Gefahr groß, daß sie sich dominant in den Mittelpunkt der Konferenz stellen und die Beantwortung der Fragen an sich ziehen. Eine unabhängige Leitung der Pressekonferenz ist dann nicht mehr möglich.

Moderatoren halten sich selbst in einer Pressekonferenz zurück. Hauptakteure sind die Redner und Journalisten.

---

## Basisanforderungen an Moderatoren

- positive persönliche Ausstrahlung,

- fachliche Kompetenz,

- Sensibilität bei bestimmten Themenkomplexen.

Für den Moderator einer Pressekonferenz gilt, daß er locker auftreten soll, keine Attacken startet, ausgleichend wirkt, eigene Gefühle unterdrückt, klar und verständlich redet, zuhören kann und den Journalisten für ihre Fragestellungen Zeit läßt. Moderatoren wirken positiv, ruhig, gelassen und sicher. In ihrer Person zeigen sie persönliche Autorität, Durchsetzungsvermögen und Sachkenntnis. Sie stehen nicht im Mittelpunkt, sie sind **"Diener der Pressekonferenz"**.

Moderatoren stellen sich auf die teilnehmenden Fachleute und Journalisten ein, das heißt, sie informieren sich vorher über alle Teilnehmer. Moderatoren hören aufmerksam zu, fühlen sich für den Gesamtablauf verantwortlich. Sie reagieren auf zu aktive und zu passive Teilnehmer, wie Schwätzer oder Schweiger. Moderatoren halten Blickkontakt zu allen, beobachten einen sich evtl. aufbauenden gruppendynamischen Prozeß, berücksichtigen Bedürfnisse, Neigungen, Stimmungen und Fähigkeiten, achten auf die Einhaltung der Regeln, die einen reibungslosen Kommunikationsprozeß möglich machen.

Moderatoren steuern gestaltend die Pressekonferenz, geben mit einem roten Faden die Orientierung für den Ablauf vor und grenzen das Thema ein. Der rote Faden verläuft entlang des Themas. Moderatoren verhindern ein Abschweifen vom Thema der Pressekonferenz, ordnen und wahren die Übersicht. Gegebenenfalls müssen Moderatoren – auch in der Pressekonferenz – dafür Sorge tragen, daß schwierige Themen durch Visualisierung verständlicher werden. Moderatoren fassen zusammen, sind ablauforientiert, formulieren klar und unmißverständlich und finden den richtigen Abschluß.

Im Verlauf einer Pressekonferenz sind Moderatoren dafür zuständig, daß Hintergründe, Interessen und Problemansichten erläutert und dargestellt werden. Niemals darf eine Pressekonferenz beendet werden, bevor nicht **alle** Fragen gestellt und beantwortet wurden.

Pressekonferenzen sind gescheitert oder haben nicht den erwarteten Erfolg, wenn keine qualifizierte Moderation vorhanden war, die Leitung, einzelne Redner oder Journalisten dominierten, mehrere Themen diskutiert, ein Thema nicht intensiv genug vorgestellt wurde oder kaum Zeit für Fragen der Journalisten vorhanden war.

In Journalistenkreisen werden derartige Pressekonferenzen als Schwatzstunden charakterisiert. Sie bringen weder Ergebnisse noch haben sie einen nachrichtlichen Inhalt.

Journalisten nehmen nicht immer mit Begeisterung an Pressekonferenzen teil. Oft stehen sie bestimmten Themen ablehnend oder kritisch gegenüber. Nicht nur fehlende Fragen können Killerphasen hervorrufen. Eine fehlende Akzeptanz des Themas, eine mehr als kritische Auseinandersetzung oder Widerstand gegen neue Ideen können weitere Killerphasen verursachen. Sie können auch Pressekonferenzen negativ beeinflussen, da sie eine sachliche Diskussion über das Thema verhindern und letztlich für eine schlechte Berichterstattung sorgen. Da im Verlauf einer Pressekonferenz kaum die Chance besteht, durch Instrumente der Kommunikationssteuerung gegen Killerphasen intensiv vorzugehen, sind Moderatoren besonders verpflichtet, derartige Tendenzen im Laufe einer Pressekonferenz abzubauen.

---

### Vermeiden von "Killerphasen"

• Nachrichten vermitteln,

• thematische Spannung erzeugen,

• Struktur einhalten,

• Statements mit professioneller Rhetorik.

---

## 9.1. Redner

Die Anforderungen an die Redner in einer Pressekonferenz sind: eine gewisse persönliche Ausstrahlung, sicheres Auftreten, fachliche Kompetenz und Sensibilität bei bestimmten Themenkomplexen. Die Vortragenden müssen ehrlich, fair und aufrichtig auftreten. Falsch ist es, sich in einer Pressekonferenz schablonenhaft und stereotyp zu verhalten. Dazu gehört auch ein arrogantes und ignorantes Verhalten gegenüber teilnehmenden Journalisten. Ist es bei einem Thema angebracht, dürfen auch Emotionen gezeigt werden, da sie die Glaubwürdigkeit von Aussagen betonen können.

Sind persönliche Interessen vorhanden, müssen diese während der Pressekonferenz deutlich gemacht werden. Können einzelne Fragen nicht beantwortet werden, muß dies nachvollziehbar erklärt werden. Ausweichende und nebulöse Antworten werden von den Journalisten sofort erkannt und sind oft Ausgangspunkt für weitere unangenehme Fragen.

Todsünden sind großspurige Zusagen und Versprechungen, die später nicht eingehalten werden können. Journalisten vergessen nicht. Später werden Journalisten nachfragen und bei negativen Antworten künftige Berichterstattungen damit verknüpfen: "Wieder einmal wurden große Pläne geschmiedet" oder "Wie bereits bei anderer Gelegenheit wurden mit großen Sprüchen Visionen entwickelt, die einmal mehr wohl wieder Utopien bleiben werden". Redner sollten immer auf dem aktuellen Stand des Themas sein. Da in der Regel neben den sachlichen Informationen und der eigenen Bewertung nur die wichtigsten Fakten veröffentlicht werden, sollten die Aussagen fokussiert werden.

Die Erfolgskontrolle von Pressekonferenzen zeigt, daß immer dann wichtige Aussagen oder Zitate wiedergegeben wurden, wenn die Statements kurz und nachvollziehbar waren. Die Pressekonferenz ist keine Bühne für Selbstdarstellungen und Fachvorträge. Als kompetente Fachleute werden diejenigen gesehen, die kurz und prägnant ein Thema mit logischen Schlußfolgerungen erläutern. Unmut kommt immer dann bei Journalisten auf, wenn alle Informationen bereits bekannt sind bzw. keine neuen Informationen gegeben werden.

**Wer gegen sich selbst und andere
wahr ist und bleibt
besitzt die schönste Eigenschaft
der größten Talente.**

Goethe

## 9.2. Statements

Grundsätzlich muß sich durch alle Statements ein roter Faden ziehen, egal ob sie in der Form der Nachricht oder der Reportage gegeben werden. Statements in einer Pressekonferenz sollten grundsätzlich nach dem Prinzip der abnehmenden Wichtigkeit angeordnet sein (vgl. Abbildung 12). Dies würde einem nachrichtlichem Aufbau entsprechen. Als Variante – sie sollte aber sehr dosiert eingesetzt werden – bietet sich der Reportageaufbau an.

Damit sich Texte thematisch nicht überschneiden, sollte rechtzeitig vor der Pressekonferenz ein Vergleich der Statements durch den Verantwortlichen für die Gesamtorganisation der Pressekonferenz vorgenommen werden. Eine Frist von drei Tagen vor der Veranstaltung ist angemessen. So ist es auch noch möglich, Kopien in die zu erstellenden Pressemappen zu legen.

Die Statements müssen in einer allgemein verständlichen Sprache abgegeben werden. Verboten ist eine komplizierte Fach- oder Behördensprache. Vermieden werden sollten auch Anglizismen und die sogenannten Plastikwörter (s. Kapitel 8.8.1 und 8.8.2). Statements müssen in Wortwahl und Satzbau leicht konsumierbar und verdaulich sein, sollen ohne Umwege ein Thema darstellen. Statements müssen präzise und leicht zu verstehen sein.

**Abbildung 10: Formen eines Statements**

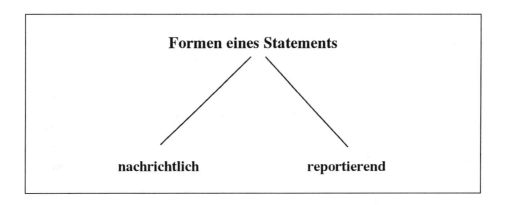

## 9.2.1. Zeit für Statements

Während einer Pressekonferenz dürfen maximal vier Statements abgegeben werden. Ausgehend von einer Sprechzeit von ca. fünf Minuten je Statement, darf die Gesamtzeit für die Statements, einschließlich der Zwischenmoderation, maximal 25 Minuten nicht überschreiten. Ein Statement darf nur die wichtigsten Fakten enthalten. Konzentrierte Aussagen hinsichtlich der wichtigsten Fakten verhindern, daß diese durch Nebensächlichkeiten in den Hintergrund geraten. Journalisten schreiben oder senden keine Romane, sondern machen Nachrichten, die selten länger als 120 Zeilen und 1.30 Minuten sind.

> **> Je Statement nicht mehr als 5 Minuten <**

Ist nur **ein** Statement vorgesehen, so sollte dieses einen Zeitraum von ca. zehn Minuten nicht überschreiten. Die Aufnahmefähigkeit der Zuhörer nimmt nach fünf Minuten kontinuierlich ab. Nach wissenschaftlichen Erkenntnissen kommt es bereits nach acht Minuten zu ersten Ermüdungserscheinungen. Nach maximal 15 Minuten – die Zeit verlängert sich bei spannenden Themen und/oder mehr oder weniger rhetorisch perfekter Vortragsweise – werden nur noch einzelne Passagen registriert. Ausgehend von diesen Erkenntnissen, müssen die wichtigsten Fakten eines Statements an den Anfang gestellt werden.

**Abbildung 11: Aufmerksamkeitsphasen**

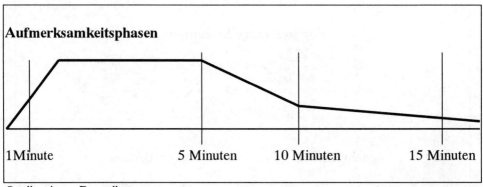

Quelle: eigene Darstellung

## 9.2.2. Nachrichtliche Form

Der nachrichtliche Aufbau beginnt mit der wichtigsten Aussage. Sie bringt die Journalisten sofort ohne Umweg ins Thema. Die wichtigsten Fakten gehören an den Anfang, Details zum Kern der Aussage folgen und erläutern das Thema. Die Hauptaussage muß immer Zentrum aller Erläuterungen sein und darf nicht durch Nebensächlichkeiten an Wirkung verlieren.

**Abbildung 12: Aufbau eines Statements, nachrichtlicher Aufbau**

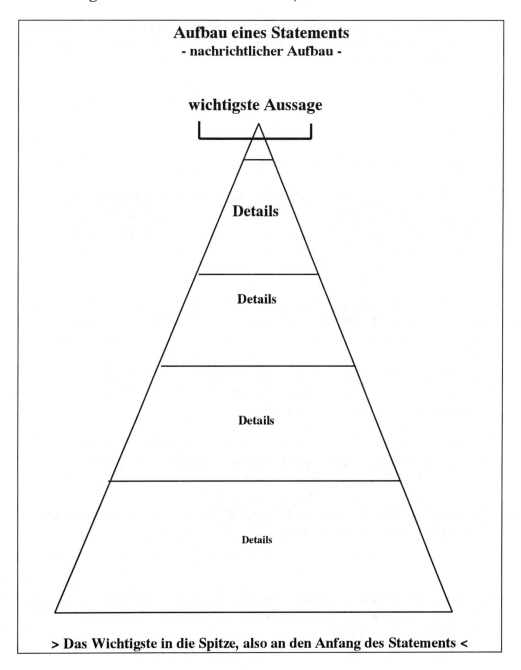

**Aufbau eines Statements**
- nachrichtlicher Aufbau -

**wichtigste Aussage**

**Details**

**Details**

**Details**

Details

**> Das Wichtigste in die Spitze, also an den Anfang des Statements <**

## 9.2.3. Reportierende Form

Die Reportage bietet die Möglichkeit, auf ein Thema hinzuführen, also mit einem Spannungsaufbau das Wichtigste an den Schluß der Ausführungen zu stellen. Typisch hierfür sind Statements in Pressekonferenzen der Polizei.

---

**Beispiel:**

**Statement einer Polizei-Pressekonferenz**

Gestern, Donnerstag, erhält die Einsatzleitzentrale der Polizeihauptwache um 22.15 Uhr einen Anruf. Passanten beobachten, daß sich mehrere Personen an der Eingangstür der Hauptstelle der Sparkasse in der Luisenstraße auffällig benehmen. Weiter wird beobachtet, daß diese mittels Gewalteinwirkung versuchen, in das Gebäude einzudringen.

Einige Minuten später, gegen 22.18 Uhr, wird daraufhin durch den diensthabenden Beamten "stiller Alarm" ausgelöst. Die Besatzungen von vier Streifenwagen treffen fast zur gleichen Zeit am Gebäude der Sparkasse ein. Die Besatzung des ersten Streifenwagens stellt um 22.24 Uhr fest, daß die Tür zum Gebäude aufgebrochen ist. Daraufhin dringen acht Beamte in das Gebäude ein. Zwei Minuten später, also um 22.26 Uhr, werden drei weitere Streifenwagen zur Sparkasse beordert.

Fünf Minuten später erreichen die Polizeibeamten, die sich bereits im Gebäude befinden, den Tresorraum. In diesem Moment kommt es zu einem Schußwechsel, den die Einbrecher eröffnen. Durch einen plötzlichen Schuß aus einer der Pistolen der Einbrecher wird der 33jährige Polizeioberwachtmeister Erwin Stark lebensgefährlich verletzt. Er ist heute morgen an seinen schweren Verletzungen gestorben.

---

"Die Reportage ist, anders als etwa die Nachricht, keine hierarchische Darstellungsform. Sie ist ein dramaturgischer Text, die eine von Fall zu Fall unterschiedliche Bearbeitung des Stoffes verlangt."[35]

---

[35] Dr. Werner Nowag, Journalistenzentrum, Haus Busch, in Hagen.

## Abbildung 13: Aufbau eines Statements in Form der Reportage

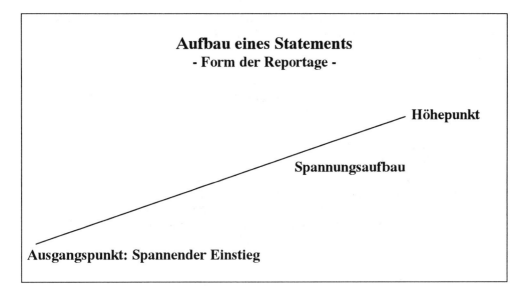

**Aufbau eines Statements**
- Form der Reportage -

Höhepunkt

Spannungsaufbau

Ausgangspunkt: Spannender Einstieg

Die Reportage ist eine Erzählung, in der eine Spannung aufgebaut werden soll. Sie gehört zu den interpretierenden journalistischen Stilformen. Die Reportage gibt eine Begebenheit anschaulich und wahr wieder. Sie ist eine besonders stark geprägte Darstellung einer Begebenheit oder einer Situation und eine wirkungsvolle Wiedergabe von Beobachtungen und Eindrücken. Belke sagt dazu:[36]

> Die herkömmliche Reportage als journalistische Gebrauchsform steht vornehmlich im Dienst der Information. Ihre Gestaltung wird jedoch nicht ausschließlich als Gegenstand, sondern auch durch die Perspektive und das **Temperament des Reporters mitbestimmt.** Er schildert als vermittelnder Augenzeuge mit persönlichem Engagement, aber immer in strenger Bindung an die Fakten aktuelle Vorgänge und Ereignisse so, wie er sie aus unmittelbarer Nähe sieht. Der Reporter formuliert aus dem Augenblick des Erlebens und will einen breiten Leserkreis ansprechen, aufrütteln und fesseln. Deshalb ist die Reportage umgangssprachlich geprägt, syntaktisch einfach und überschaubar.

Reportagen vermitteln Beobachtungen an Dritte, sie geben das Gefühl, selbst als Leser, Hörer oder Zuschauer dabei gewesen zu sein. Das Ereignis wird im aktualisierenden Präsens erzählt, um Spannung zu erzeugen. Ein dramatisches Präsens gibt das

---

[36] H. Belke, Literarische Gebrauchsformen, Düsseldorf 1973.

Gefühl der Nähe zum Ereignis. Reportagen sollten im Aktiv gegeben werden, um sie lebendig zu machen. Zitate geben den Eindruck der unmittelbaren Teilnahme. Formulierungen wie „einige Stunden später", „in dieser schweren Stunde", „schlagartig", „auf einmal" oder „in diesem Moment" sind Kennzeichen einer Reportage. Die Reportage verlangt kurze Sätze.

Die einfachste Form ist die chronologisch aufgebaute Reportage, die sich an einem bestimmten Zeitablauf orientiert und diesen mit allen seinen Facetten beschreibt. Eine andere Form ist die Orientierung an einer Idee, die ein Thema lebendig beschreibt.

Wichtig ist, wie in der Nachricht, der Einstieg. Er soll spannend und mit der versteckten Aufforderung beginnen, die Reportage weiter zu verfolgen und dabei Erwartungen wecken. Eine Reportage steigert sich zum Ende. Dabei baut sich die Spannung immer weiter auf. Der Höhepunkt liegt am Ende. Es ist falsch, alles Wichtige in der Einleitung zu erwähnen. Nach Lüger besteht "die Hauptfunktion der Reportage generell in der Veranschaulichung typischer, exemplarischer Einzelfälle, die in bezug auf einen allgemeinen Wirklichkeitsausschnitt Indizcharakter haben bzw. haben sollen." [37]

## 9.3. Manuskript

Um ein Statement frei zu halten, muß das Manuskript gut lesbar geschrieben sein. Es ist immer nur die Vorderseite zu beschreiben. Die Rückseite bleibt frei, um störendes Umblättern zu vermeiden. Die einzelnen Seiten sind deutlich zu numerieren. Der Zeilenabstand sollte mindestens zweizeilig, die Schriftgröße mindestens 18 Punkt, besser 20 Punkt betragen.

In das Manuskript werden Betonungszeichen eingetragen, die über den entsprechenden Passagen angebracht werden (s. Kapitel 6.4). Lange Wörter müssen auseinander geschrieben werden, um die Lesbarkeit zu erleichtern. Dazu gehören auch Zahlen. Nicht „1 100 000 000 DM", sondern „1 **Milliarde 100 Millionen DM**", oder nicht „**500 000 Einwohner**", sondern „**500-tausend Einwohner**".

Viele Abschnitte, besonders nach neuen Gedankengänge, erleichtern ebenfalls die Orientierung im Text. Es empfiehlt sich, den Text vor dem Statement laut zu lesen.

---

[37] H.-H. Lüger, Pressesprache, Tübingen 1983, S. 78.

# 9.4. Rhetorik

**Nichts ist schwerer,
als bedeutende Gedanken so auszudrücken,
daß jeder sie verstehen muß.**

Schopenhauer

Rhetorische Mittel sind Möglichkeiten, um eine Moderation oder ein Statement eindringlicher und wirkungsvoller zu gestalten. Ist die Aufmerksamkeit der Journalisten in den meisten Fällen während der An- und Zwischenmoderation noch gegeben – wenn nicht, dürfte bereits ein grundlegendes Manko in der Moderation vorhanden sein –, so gilt dies nicht immer für die Statements. Ein Statement steht zunächst nur auf dem Papier oder ist bei den Rednern in mehr oder weniger logischer Folge im Kopf strukturiert. Damit Worte und Sätze wirken, bedarf es Hilfsmittel, um das Statement von diesem Zustand in das Denken, Fühlen und Verstehen der Journalisten zu übertragen.

---

"Rhetorische Techniken können die Überzeugungskraft unterstützen, allerdings nie ersetzen. Ausstrahlung, Lebendigkeit und Präsenz haben großen Einfluß auf die Wirkung eines Redebeitrags. Je positiver der Kontakt zu sich selbst ist, desto überzeugender ist ein Beitrag. Wichtiger als technische Perfektion sind Lebendigkeit, Präsenz und Menschlichkeit des Redenden."[38]

---

Redner sind Vermittler von Fakten und Gedanken an Empfänger, in diesem Fall an die Journalisten. Sprache ist dabei das Kommunikationsmittel. Die Wirkung ist davon abhängig, in welcher Weise die Sprache angewendet und mit den verschiedensten rhetorischen Mitteln unterstützt wird. Ihre richtige Beherrschung ist die Basis für den Erfolg eines Statements.

Rhetorik ist erlernbar. Es wurde noch kein professioneller Moderator oder Redner geboren. Erst die mehrmalige Übung und die selbstkritische Kontrolle mit dem Ziel, Fehler abzubauen, sind Schritte zum Erwerb einer professionellen Vortragsweise.

---

[38] S. M. Falk, MediumMagazin 1997, Praxis zum Sammeln, Verlag Oberauer, Freilassing 1997.

Ungeübten – auch Profis kontrollieren sich so – ist zu empfehlen, ein Statement auf Tonband zu sprechen, um so den eigenen Klang, die Betonung oder die Verständlichkeit der Aussagen beim Abhören zu kontrollieren. Zusätzlich kann auch die Zeit des Statements kontrolliert werden. Die Gestik kann vor dem Spiegel, einer Videokamera oder einer Person des Vertrauens kontrolliert werden.

---

### Kontrollmechanismen für Moderation und Statement

◆ Tonband,

◆ Spiegel oder Videokamera,

◆ Person des Vertrauens.

---

Unter Redeangst, Nervosität, Hemmungen oder Lampenfieber leiden nicht nur Anfänger. Profis sind der Überzeugung, daß auch nach langen Jahren der Erfahrung ein gewisses Lampenfieber vorhanden sein muß, da es hilft, sich gründlich vorzubereiten und zu konzentrieren. Ist dies nicht mehr vorhanden, so wird eine vorhandene Sicherheit dazu führen, daß Redner sich nicht mehr intensiv genug auf Themen vorbereiten. Dies kann gerade für Pressekonferenzen sehr negative Auswirkungen haben, da eine nachlässig Vorbereitung von Journalisten erkannt wird. Wer sich gründlich vorbereitet, erkennt und bemerkt auch "Klippen" in der Thematik, muß keine Angst davor haben, daß Journalisten in diese Lücken mit ihren Fragestellungen stoßen.

**Abbildung 14: Garanten für erfolgreiche Moderation und Statements**

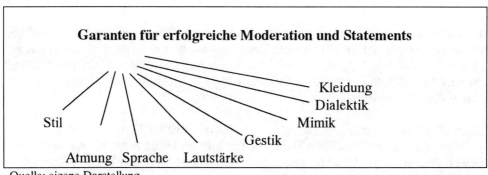

Quelle: eigene Darstellung

## 9.4.1. Atmung

Vor der Anmoderation oder einem Statement sollte die bewußte Atmung gegen eine aufkommende Nervosität eingesetzt werden. Dies geschieht durch ca. dreimaliges tiefes Einatmen durch die Nase und Ausatmen durch den Mund. Stellt sich nach einer Übung der Erfolg nicht ein, so ist eine mehrmalige Wiederholung erforderlich. Nicht nur die Nervosität wird durch das bewußte tiefe Atmen beseitigt, gleichzeitig steigert sich die Konzentrationsfähigkeit.

Die Atemübung kann unmittelbar vor dem Statement oder der Anmoderation unauffällig im Sitzen durchgeführt werden. Voraussetzung ist eine aufrechte Körperhaltung. Ein tiefes Durchatmen führt zu einer entspannten und unverkrampften Körperhaltung. Während der Moderation oder eines Statements muß ebenfalls bewußt geatmet werden. Möglichkeiten zu atmen bieten auch Satzzeichen. Daher sollten sie bewußt dafür eingesetzt werden. Fehlen Pausen zum Atmen, wirkt das Sprechen gepreßt, zerrissen und unverständlich. Die Lautstärke, das Tempo der Sprache und die Deutlichkeit der Aussprache leiden darunter. Je weniger oder je kürzer die Pausen zum Atmen sind, um so mehr besteht zusätzlich die Gefahr, daß es zu einer Ermüdung kommt, die sich wiederum auf die Aussagen negativ auswirkt.

Rhetoriker empfehlen, mit kurzen Sätzen – nicht mehr als sechs Wörter – das Atemholen zu trainieren. Zuerst sollte versucht werden, nach jedem zweiten Satz Atem einzuziehen, später erst nach dem dritten Satz. In der Lehre der Rhetorik wird immer wieder ein Gedicht von Wolfgang von Goethe für diese Übung benutzt.

---

### Übung zum Atemholen

Nach jeder zweiten Zeile am Satzende Luft holen, danach nach der dritten Zeile, und zum Schluß das gesamte Gedicht lesen, ohne einzuatmen.

> Im Atemholen sind zweierlei Gnaden:
> Die Luft einziehen, sich ihrer entladen.
> Jenes bedrängt, dieses erfrischt;
> So wunderbar ist das Leben gemischt.
> Du, danke Gott, wenn er dich preßt,
> Und dank ihm, wenn er dich wieder entläßt.

---

## 9.4.2. Sprache

Die Stimme sagt viel über den augenblicklichen Gemütszustand eines Menschen aus. Die Stimme kann Freude, Trauer oder Resignation ausdrücken. Eine Stimme kann überzeugen oder langweilen, kann Zuhörer fesseln oder ermüden. Der Einsatz von Stimme und Sprache ist daher auch und besonders für die Pressekonferenz von großer Bedeutung. Journalisten merken sofort, ob Fakten überzeugend vermittelt werden, ob Redner sich unsicher und nervös auf einer Pressekonferenz äußern, vielleicht sogar unmotiviert einen Text herunter beten. Schon hiervon kann der Erfolg eines Statements abhängen.

### 9.4.2.1. Deutliche Aussprache

Sprechen heißt, deutlich zu sprechen, nicht zu nuscheln, keine Silben und Wörter zu verschlucken oder leise zu sprechen. Um eine deutliche Aussprache zu erreichen, empfehlen geübte Redner, vor einer Moderation oder vor einem Statement mit einem Korken zwischen den Zähnen und bei geschlossenem Mund einige Sätze zu sprechen. Auch der gekrümmte Zeigefinger zwischen den Zähnen erfüllt den Zweck dieser Übung. Nachdem einige Sätze so gesprochen wurden, wird jeder, der diese Übung absolviert hat, feststellen, daß im Anschluß daran das normale Sprechen deutlicher wird.

Für Fernseh- und Rundfunkreporter gehören diese oder ähnliche Übungen oft zur Vorbereitung einer Sendung. Spricht jemand in einem Dialekt, muß dieser nicht negiert werden. Er macht die Sprache menschlicher, oft die Sprechenden sogar sympathischer.

## 9.4.3. Lautstärke

"Die Stimme ist wichtiger als die Figur" meldete Associated Press (AP) am 20. November 1998. Wer auf seine Mitmenschen Eindruck machen wolle, solle auf seine Stimme achten, hieß es in der Agenturmeldung. Grundlage für diese Aussage war eine Meinungsumfrage des Institutes Forsa. Vierzig Prozent der Befragten gaben an, bei der ersten Begegnung mit einem Menschen zuerst auf die Stimme zu achten, danach auf Augen, Figur, Hände, Frisur etc. Die Stimme, sagten die Befragten, verfüge über eine starke Wirkung und sei zentraler Teil der Persönlichkeit eines Menschen.

Diese Erkenntnis ist auch für Moderatoren und Redner in Pressekonferenzen wichtig. Die Stimme kann fesseln, ermüden oder Aufmerksamkeit wecken. Entscheidend sind die Stimmlage und das Tempo, mit dem gesprochen wird. Lautstärke, Tonhöhe und Sprechtempo können mehrfach kombiniert werden. Bei voller Ausnutzung der Spektren ergeben sich vielfältige Möglichkeiten, um ein Statement stimmlich farbiger zu gestalten.

## Abbildung 15: Möglichkeiten der stimmlichen Modulation

### Möglichkeiten der stimmlichen Modulation

**Lautstärke**

laut, leise oder normale Lautstärke

**Lautstärke und Tonhöhe**

laut - hoch, laut - tief, leise - hoch oder leise - tief

oder die normale Lautstärke in Verbindung mit "hoch" und "tief"

**Sprechtempo**

langsam oder schnell oder variieren

**Sprechtempo, Lautstärke und Tonhöhe**

laut - hoch - schnell; laut - tief - schnell; laut - hoch - langsam,
laut - tief - langsam; leise - hoch - schnell; leise - tief - schnell;
leise - hoch - schnell, leise - hoch - langsam
oder leise - tief - langsam
oder die Variationen mit der normalen Lautstärke

Stimmlagen bringen Farbe in die Sprache. Sie müssen laufend geändert werden, da ansonsten Statements oder Moderationen einschläfernd wirken. Wichtige Aussagen müssen besonders betont und damit hervorgehoben werden. Zwischen den Aussagen müssen Pausen eingelegt werden. Sie bewirken ein großes Maß an Aufmerksamkeit. Das Abklingen in der Lautstärke bewirkt eine plötzlich sich einstellende größere Aufmerksamkeit, da genauer zugehört werden muß. Pausen in Verbindung mit rhetorischen Fragen – man wartet gespannt auf die Antwort – sind ein weiteres Mittel, um Aufmerksamkeit zu erzielen.

Um die richtige Betonung zu finden, sollten Zeichen über dem Text des Statements angebracht werden, damit die vorgesehene Betonung in der Aufregung des Vortragens nicht verlorengeht.

## Abbildung 16: Betonungszeichen über dem Text

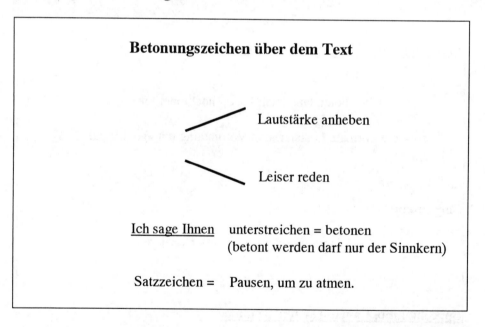

Jürgen Hoppe, WDR-Landes-Korrespondent in Düsseldorf und Lehrbeauftragter am Institut für Journalistik der Universität Dortmund sagt[39] zu Betonungen: "Wir betonen viel zu viel. Eigentlich ist Betonung das falsche Wort, es geht darum, den richtigen Höhepunkt der Satzmelodie zu finden. Nicht durch ein abruptes Betonen, eher durch wechselndes Sprechtempo. Die meisten lesen zu schnell. Um Gas geben zu können,

---

[39] Medienpraxis, journalist, 12/1997.

muß man langsam beginnen. Das ist dynamisches Sprechen. Und durch Mut zur Pause kann man eintöniges Leiern vermeiden. Wichtig ist, daß die Stimme am Ende eines Satzes oder Satzteils nach unten geht, sich löst, auch bei Fragen. Falsch und weit verbreitet ist der Akzent auf dem letzten Wort, das oft ein Verb ist: 'Ich bin nach Haus **gegangen**'. Obwohl ich nur in den seltensten Fällen betonen möchte, daß ich zu Fuß gegangen und nicht gefahren bin. Nur wenn das Gehen wirklich wichtig ist, gehört darauf der Akzent".

Betonungen müssen dosiert werden. Zu häufiges Betonen führt zum sogenannten Singsang, der die Konzentration der zuhörenden Journalisten beeinträchtigt. Der Singsang ist der negative Auswuchs von Betonungen. Er vermittelt den Eindruck der Unsachlichkeit, der Themen dadurch eher varietéartig präsentiert.

---

"Der Singsang ist nichts anderes als eine zyklische Häufung von Betonungen. Eine solche Akzentuierung wird gemeinhin als falsch bezeichnet. Mit falschen Betonungen sind zu häufige und an sinnwidrigen Stellen gesetzte Akzente beim Vorlesen gemeint."[40]

---

## 9.4.4. Gestik

"97 Prozent der Kommunikation läuft ohne Worte ab. Bevor wir den Mund öffnen, hat sich der andere über unsere Körpersprache schon ein Bild von uns gemacht. Unsere Körpersprache offenbart ein weitgehend unbewußtes Verhaltensspektrum – deshalb wird ihr oft mehr vertraut als dem gesprochenen Wort. Sie liefert Informationen über Gedanken, Gefühle und Charakterzüge. Mit einem guten Gespür für die Körpersprache des Gesprächspartners ist es möglich, diesen besser einzuschätzen und wirkungsvoller – sprachlich wie körperlich – zu reagieren."[41]

Die Pressekonferenz offenbart während der Moderation und der Statements offen und für alle Journalisten erkennbar die Körpersprache von Moderatoren und Rednern. Sie kann das Gesagte bekräftigen und glaubwürdig machen, aber auch in Zweifel ziehen und Unsicherheiten verraten. Journalisten sind geschulte Beobachter der Körpersprache. Ihnen entgeht nicht die kleinste Unsicherheit. Daher sollten die folgenden Grundregeln unbedingt beachtet werden.

---

[40] S. Wachtel, Sprechen und Moderieren in Hörfunk und Fernsehen, Konstanz 1994, S. 59.
[41] S. Schulz, Mit Händen und Füßen..., Dialog, 1/199, S. 10.

Die/der Moderatorin/Moderator sitzt locker. Eine aufrechte Sitzhaltung signalisiert Souveränität. Die Hände liegen auf dem Tisch. Sie müssen locker bewegt werden, dürfen **nicht wie zum Gebet gefaltet** sein. Die Fußstellung, sie sollte nicht verdeckt sein, muß Sicherheit erkennen lassen. Die Füße dürfen nicht nach hinten abgeknickt werden, sondern fest im Winkel den Boden berühren. Auch Angewohnheiten wie das Fußwippen oder ähnliches müssen unterbleiben, da sie Unsicherheit signalisieren bzw. vom Thema ablenken können. Auch Marotten, wie der ständige Griff an die Brille, oder andere sich laufend wiederholende Gesten, wie das Spiel mit kleinen Hilfsmitteln (Kugelschreiber etc.) müssen vermieden werden.

Der Zeigefinger als Drohgebärde darf nie benutzt werden, da er auf die Journalisten wie eine Waffe wirken könnte. Ein leicht seitlich geneigter Kopf weckt positive Assoziationen. Während Pressetreffs, bei denen die Statements stehend abgegeben werden, müssen sich die Hände auf dem Tisch, nicht in den Hosentaschen, befinden.

---

### Grundregel

Zeigen Sie einen warmen und entspannten Gesichtsausdruck. Der Blickkontakt ist offen. Es wird gleichmäßig und tief geatmet. Wird jemand angesprochen, z.B. bei der Anmoderation eines Statements, so wendet man sich dem anderen mit dem ganzen Körper zu. Dabei stehen die Füße fest auf dem Boden. Die Gesten sind offen, und die Handflächen zeigen nach außen.

---

Die Körpersprache bildet eine Einheit mit dem Gesagten. Untersuchungen haben ergeben, daß der Mensch 83 Prozent der Informationen mit dem Auge und 11 Prozent mit dem Ohr aufnimmt. Dies beweist, wie wichtig die Gestik ist. Das Sehen muß im Einklang mit dem Hörbaren stehen, also parallel sein.

## 9.4.5. Mimik

Die Mimik ist der Situation anzupassen. Ein falsche Mimik macht das Gesagte unglaubwürdig. Betroffenheit in der Aussage ist durch Betroffenheit im Gesichtsausdruck zu bestärken, Freude logischerweise durch einen fröhlichen Gesichtsausdruck.

## 9.4.6. Dialektik

Dialektik ist die Kunst zu überzeugen, ja sogar dann zu überzeugen, wenn andere bessere Argumente haben. Diese Fertigkeit setzt die Kontrolle über Logik und Unlogik, die geeignete Sprache und Menschenkenntnis voraus. Die Inhalte einer Pressekonferenz müssen durch Fakten belegt werden, nachprüfbar für alle Journalisten. Dennoch kann es in der Diskussion, vielleicht aber auch in der einen oder anderen Aussage in den Statements an Fakten fehlen. Um trotzdem glaubwürdig zu sein, hilft der Aufbau einer Hypothese, die Journalisten vom Gesagten überzeugen soll. Dialektik sollte von Rednern in Pressekonferenzen nur dann eingesetzt werden, wenn es unbedingt erforderlich ist, evtl. um sich gegen unsachliche Angriffe zu wehren. Aber auch Journalisten wählen für ihre Fragen die Dialektik, um Redner in ihren Aussagen zu verunsichern und Fakten zu entkräften. Daher ist die Kenntnis der dialektischen Methoden wichtig, um auf Fragen entsprechend zu antworten.

## 9.4.6.1. Theorie

Durch die Theorie wird versucht, eine noch nicht bewiesene Wirklichkeit zu erklären. Daraus folgt die Hypothese, von der die Schlußfolgerung abgeleitet wird. Sind die Schlußfolgerungen schlüssig, so entsteht die Neigung, die Hypothese als richtig anzusehen.

---

**Beispiel:**

Wir haben bald eine Klimakatastrophe, weil (erwiesene Tatsache) in den letzten vier Jahren im Durchschnitt ständig steigende Temperaturen gemessen wurden.

---

Die Schlußfolgerung ist zwar logisch, aber dennoch steht ein Fragezeichen hinter der Klimakatastrophe, da nur die Messungen der letzten vier Jahre zugrunde gelegt wurden.

1. Theorien[42] sind nicht wahr, sondern höchstens eine brauchbare oder einleuchtende Erklärung.
2. Ist die Prämisse eines logischen Satzes theoretisch, so ist auch die Schlußfolgerung theoretisch.

---

[42] A. J. Bierach, Dialektiktraining, Verlag moderne Industrie AG & Co, Landsberg 1987, S. 15.

3. Widersprechen sich zwei Theorien, ist es vernünftig, entweder beide abzulehnen oder jener den Vorzug zu geben, die besser durch Beobachtungsmöglichkeiten abgesichert ist oder werden kann, keiner Teiltheorie widerspricht und insgesamt plausibler (wahrscheinlicher, dem gesunden Menschenverstand nachvollziehbarer) klingt.

Im folgenden werden einige Tricks der Dialektik kurz aufgeführt. Sie haben das Ziel, fehlende nachprüfbare Fakten durch eine entsprechende Argumentation glaubwürdig zu machen.

---

# Dialektik[43]

## I. setzt bestimmte Frageformen ein:

- **Fangfrage:** „Waren Sie gestern nicht um 9.00 Uhr beim Arzt?"
- **erpresserische Frage:** „Wenn Sie schon so ein teures Auto fahren, warum tragen Sie dann nicht auch unser teures Accessoire tragen?"
- **suggestive Frage:** „Sie sind doch auch der Meinung, daß ....................."
- **bohrende Frage:** Eine Meinung wird Punkt für Punkt erfragt.
- **emphatische Frage:** „Sie meinen also, daß ...............". „Habe ich Sie richtig verstanden, daß sie sagen wollten ................?"
- **dämpfende Frage:** „Woher stammen diese Informationen?". „Aus der Zeitung." „Aus welcher?" (Wird angewendet, wenn ungenaue Angaben gemacht oder wirr durcheinander geredet wird.)

## II. antwortet mit Rabulistik (Haarspalterei)

- „Viele Argumente sprechen für Ihre Ansicht, dennoch ......................."
- „Ich bin nicht ganz Ihrer Meinung, dennoch ......................................."
- „Darüber gehen die Meinungen auseinander."
- „Eigentlich ist es noch zu früh, um bereits jetzt weitere Ansichten ......."
- „Ich denke ............................."
- „Ich meine ............................."
- „Ich glaube ............................."

---

[43] Teilweise entnommen aus: A. J. Bierach, Dialektiktraining, Verlag moderne Industrie AG & Co, Landsberg 1987.

- „Bevor wir nicht mehr darüber wissen, sollten wir nicht ...................?"
- „Ich bin auf diesem Gebiet kein Fachmann, also erwarten Sie keine ...."

## III. vermeidet klare Definitionen

1. bevorzugt mehrdeutige Wörter,
2. verallgemeinert,
3. wählt zwischen zwei unangenehmen Dingen aus: „Wir müssen allen Mitarbeitern die Gehälter kürzen, da wir ansonsten 100 Mitarbeiter entlassen müssen."
4. wählt die absolute Ausdrucksweise,
5. lobt unberechtigt, um andere Fakten zu erhalten,
6. erfindet Zitate,
7. kehrt Argumente um,
8. schließt vom Einzelfall auf das Ganze,
9. verallgemeinert Einzelfälle mit emotionaler Aufwertung,
10. betont willkürlich,
11. lenkt ab,
12. greift Argumentierer, nicht das Argument an,
13. appelliert an den "gesunden Menschenverstand",
14. droht,
15. bleibt den Beweis schuldig,
16. nennt Vorurteile,
17. verwirrt mit Fremdwörtern, modernen Begriffen und einem Wortschwall; Gegenmaßnahme: Definition verlangen!
18. versteht absichtlich falsch,
19. weicht vom Thema ab,
20. lehnt störende Details ab,
21. verlangt Beweise,
22. lehnt bestimmte Worte und Begriffe emotional ab,
23. benutzt Schlagwörter, Beispiel: "London – die Metropole der Welt",
24. nennt moralische oder weltmännisch philosophische Standpunkte,
25. macht etwas zum Problem, was keines ist,
26. schafft Formulierungen, die weitere Erläuterungen erübrigen: „Eine neue Tatsache, genau!", „Ein neuer Aspekt, wirklich!", „Ich sehe das ein, da hatte ich wohl falsche Informationen." etc.

## 9.4.6.2. Taktik

Zur Dialektik gehört es auch, sich taktisch auf Fragen vorzubereiten. Dabei wird berücksichtigt, wie das Distanzverhalten auf bestimmte Fragen wie **kühl, sachlich, freundlich oder harmlos** ausfällt. Wird der Redner oder Journalist mit Namen, evtl. mit Titel angesprochen? Dies schafft Sympathie, nimmt dem Fragenden eine vielleicht vorhandene Aggressivität.

Der **Sitzplatz** ist wichtig für die Wahrnehmung durch die/den Moderatorin/Moderator. Wer rechts sitzt,[44] wird eher wahrgenommen als links sitzende Journalisten. Die **erste Wortmeldung** kann bereits die Richtung der Fragen bestimmen. Die **Gewichtung der Argumente** beeinflußt die Fragen und Antworten. Es muß daher überlegt werden, ob gute Argumente zu Beginn oder erst zum Schluß genannt werden. Das **letzte Wort** oder die letzte Aktion hinterlassen einen nachhaltigen Eindruck.

## 9.4.7. Stil

Ein Statement darf nicht abgelesen werden. Nur die freie Rede macht glaubwürdig. Verboten sind Parenthesen, also die Einfügung von Zwischengedanken in einen logischen Gedankengang. Praktische Beispiele bei komplizierten Sachlagen helfen, ein Thema zu verdeutlichen. Wiederholungen wichtiger Aussagen prägen sich ein und sorgen dafür, daß Journalisten diese als wichtig aufnehmen und später veröffentlichen.

Um einen professionellen Stil zu entwickeln, sollen die nachfolgenden Punkte eine Orientierungshilfe sein.

## 9.4.7.1. Zitate

Zitate müssen wortgetreu sein, Wort für Wort muß übernommen werden. Es darf nichts ausgelassen oder eingefügt werden, da es ansonsten zu einer Veränderung der Aussage kommen kann. Bei fremdsprachigen Autoren muß in der Originalsprache zitiert werden. Unmißverständlich zitieren heißt, direkte Zitate mit Hinweisen wie: **"Wörtlich sagte der Chef des Unternehmens ..."** oder **"Ich zitiere"**. Zu jedem Zitat gehört die Angabe der Quelle.

Auch Äußerungen, die im Rahmen von Randgesprächen gemacht werden, dürfen als Zitate verwendet werden. Um Mißverständnisse zu vermeiden, sollte aber nachgefragt werden, ob das Zitat auch zur Veröffentlichung freigegeben wird. Zitate sollten

---

[44] Aus der Sicht des/der Moderators/Moderatorin.

durch eine Veränderung der Stimme, evtl. durch betont langsames Sprechen, hervorgehoben werden. **"Man muß die Anführungszeichen hören"**, sagt eine Grundregel.

Zitate müssen den teilnehmenden Journalisten "etwas sagen". Sie geben den Eindruck der unmittelbaren Teilnahme. Um direkt auf das Zitat hinzuweisen, ist der Hinweis zu empfehlen: "Ich zitiere" oder ähnlich. Zitate machen ein Statement lebendiger.

## 9.4.7.2. Indirekte Rede

Die indirekte Rede unterscheidet sich von der direkten Rede dadurch, daß eine Äusserung wie durch einen Berichterstatter wiedergegeben wird. Dabei wird als grammatischer Modus der Konjunktiv benutzt.

---

**Beispiel:**

Geschäftsführerin Marita Grandjean sagte, daß ihr Unternehmen in den schwarzen Zahlen **sei**.

---

Mit dieser Berichterstattung kommt zum Ausdruck, daß eine Aussage objektiv und neutral wiedergegeben wird. Eine Garantie für die Richtigkeit wird vom Berichterstatter nicht übernommen.

Die indirekte Rede ist in den meisten Fällen von einem Verb des Sagens und Denkens[45] oder einem entsprechenden Substantiv gekennzeichnet. Die einfachste Form der indirekten Rede wird in einem Satz durch die Einleitung "daß" deutlich. Als indirekter Fragesatz beginnt die indirekte Rede mit einem "ob" oder einem Fragewort. Als indirekter Aufforderungssatz mit Modalverben wie "sollen/mögen" oder "haben/sein" in Verbindung mit dem Infinitiv. Der indirekte Fragesatz ist eine Form des Nebensatzes.

---

[45] D. Berger und G. Drosdowski, Duden, Richtiges und gutes Deutsch, aktuelle Ausgabe, Mannheim, S. 355.

## 9.4.7.3. Satzbau[46]

Grundsätzlich müssen Texte, die gesprochen werden sollen, frei formuliert und so auch geschrieben werden. Um sprachlich zu schreiben, hilft es, den Text immer wieder laut zu lesen, um so ein Gefühl für die Sprache und ihre Diktion zu erhalten. Stellen, die immer wieder Stolpersteine sind, müssen geändert werden. Ein Statement darf nicht zu einem literarischen Leckerbissen werden. Vorteilhaft ist es, ein Statement so zu schreiben, wie selbst gesprochen wird. Dann wird ein Statement lebendig. Nebensätze oder Einschübe dürfen nicht vom Hauptsatz ablenken. Die Regeln, die für Hörfunk- und Fernsehjournalisten gelten, sind daher auch für gute Statements in Pressekonferenzen zu beachten.

---

### Satzbau und Verständlichkeit[47]

- Sprechen Sie Alltagssprache und lesen Sie nicht ab.

- Mut zur Lücke. Versuchen Sie nie alles zu sagen, was sie wissen.

- Geben Sie konkrete Beispiele zum Thema. Ein guter Punkt ist besser als mehrere schwache.

- Bilden Sie kurze Sätze.

- Benutzen Sie starke Begriffe, vermeiden sie schwache.

- Gliedern Sie Ihre Gedanken und sprechen sie die Gliederung auch aus.

- Halten Sie keine Ansprache.

- Wenn Sie einmal gar nicht mehr weiter wissen: versuchen Sie, Zeit zu gewinnen.

---

Quelle: prmagazin, Rede & Karriere.

---

[46] Zitiert aus Medienpraxis, journalist, 12/1997.
[47] prmagazin, Medien-Praxis, Rede & Karriere, 2/96.

## 9.4.7.4. Kurze Sätze

Sätze sollten grundsätzlich kurz sein. Kurze Sätze können allerdings auf Dauer lang-weilig wirken, so daß durchaus auch etwas längere Sätze in das Statement – keine Schachtelsätze – eingefügt werden können. Die kurzen Sätze müssen aber überwiegen. "Der Satz kann durchaus länger sein, gegliedert in Hauptsatz und Nebensätze. Solch ein Wechsel ist lebendig; nur kurze Hauptsätze wirken langweilig. Aber jeder Satzteil sollte nur einen Gedanken enthalten, auf den dann wie von selbst die Betonung fällt."[48]

---

**Beispiel:**

Die Renten sollen in Zukunft langsamer steigen als bisher. Damit wird das Rentenniveau schrittweise gesenkt – und zwar von 70 auf 64 Prozent des durchschnittlichen Nettolohnes. Das ist der Kernpunkt der Rentenreform, die der Bundestag heute verabschiedet hat.[49]

---

## 9.4.7.5. Spannungsaufbau

Ein weiteres Stilmittel, um die Spannung in einem Satz und die der Zuhörer auf-zubauen, ist, an das Satzende das Wichtigste zu stellen. Dort wird es automatisch betont, die Journalisten haben Zeit, sich darauf einzustellen.

---

**Beispiel:**

Die Besucher des Festes erhalten ein besonderes Präsent, das aber erst beim Verlassen der Veranstaltung ausgegeben wird.

---

## 9.4.7.6. Gefühle

Anders verhält es sich bei Gefühlsäußerungen. Diese sollten, um die Aufmerksamkeit gleich zu Beginn zu wecken, am Anfang eines Satzes stehen.

---

[48] Medienpraxis, journalist, 12/1997.
[49] Ebenda.

**Beispiel:**

Einfach toll, was wir geplant haben!

## 9.4.7.7. Quelle

Aussagen, die aus einer anderen Quelle kommen, müssen als Quelle in einem Nebensatz genannt werden.

**Beispiel:**

Es gibt kein anderes Fest in dieser Art, es ist also einmalig, recherchierte die Süddeutsche Zeitung vor einiger Zeit.

## 9.4.7.9. Verben

Verben sind die Königswörter der Sprache, sie verleihen einem Satz Leben, sind bildhaft. Verben sollten so oft wie möglich am Anfang des Satzes stehen, da ansonsten der Eindruck entstehen kann, daß ein Satz auseinandergerissen ist.

**Beispiel:**

**falsch:**

Der neue Geschäftsführer unseres Unternehmens will im Rahmen der Neuordnung aller Bereiche des Unternehmens künftig alle Mitarbeiter stärker an der Unternehmenspolitik **beteiligen**.

**besser:**

Stärker **beteiligen** an der Unternehmenspolitik will der neue Geschäftsführer unseres Unternehmens künftig alle Mitarbeiter im Rahmen einer Neuordnung aller Bereiche des Unternehmens.

## 9.4.7.10. Im Aktiv sprechen

Sätze sollten in der aktiven Form und nicht in der passiven Form gebildet werden.

---

**Beispiel:**

**aktiv:**

**Wir** werden alles **tun**, um diese Krise mit allen uns zur Verfügung stehenden Mitteln zu bekämpfen.

**passiv:**

**Es** müsse alles **getan werden**, um diese Krise mit allen zur Verfügung stehenden Mitteln zu bekämpfen.

---

## 9.4.7.11. Substantivierung

Verzichtet werden sollte auf Substantivierungen, da sie das Merkmal einer toten Sprache sind. Substantive verhindern eine Visualisierung und ermüden bei häufigem Gebrauch die Zuhörer.

---

**Beispiel:**

**falsch:**

Wir ziehen in Erwägung, in den nächsten Wochen zu einer Wiederholung der Aufführung des Theaterstücks zu kommen, damit die kulturelle Bildung nicht zu kurz kommt.

**besser:**

Wir überlegen, in den nächsten Wochen das Theaterstück zu wiederholen, damit sich die Besucher kulturell weiterbilden können.

---

## 9.4.7.12. Abkürzungen

In Statements sollten keine Abkürzungen verwendet werden. Bei Abkürzungen können Aussagen nicht verstanden werden, so daß später Nachfragen erforderlich werden.

## 9.4.7.13. Zahlen

Zahlen können verwirren. Sie sind nur dann für Hörer verständlich, wenn sie mit anschaulichen Vergleichen benutzt werden, wie die Umrechnung in Prozenten. Zahlen müssen auf- oder abgerundet werden.

---

**Beispiel:**

ca. fünfzig Prozent, ungefähr ein Viertel, jede Zehnte

---

## 9.4.7.14. Vielsilbige Wörter

Vielsilbige Wörter sollten vermieden werden. Sie erschweren das Zuhören, und ausserdem kommt es häufig zu Versprechern.

## 9.4.7.15. Klischees

Vermieden werden sollten sogenannte Sprachbilder, die auf Klischees beruhen und stereotype Sprachmuster beinhalten.

---

**Beispiel:**

**falsch:**

brutaler Mord, packender Thriller, die Spitze des Eisbergs[50] etc.

---

[50] Beispiele aus: Medienpraxis, journalist, 12/1997.

## 9.4.7.16. Adjektive

Vorsicht ist geboten bei der Verwendung von Adjektiven. Adjektive verschlüsseln klare Gedankenführungen. Ohne Adjektive ist ein Statement straffer, kürzer und glaubwürdiger, gewinnt an Stil, Zweckmäßigkeit und Inhalt.

---

**Beispiel:**

**falsch:**

Die finanzielle Situation des Unternehmens ist ein **echtes** Problem.
Die gemachten Angaben in der Bilanz sind **absolut** richtig.
Der Schaden, der durch den Brand entstand, ist **enorm** groß.
Die Entfernung war **relativ** gering.

---

Journalisten stellen sich bei solchen Formulierungen Fragen wie: „Gibt es auch unechte Probleme, oder – wenn das Adjektiv **echt** fehlen würde – , handelt es sich dann überhaupt noch um ein Problem?" Eine Angabe, die **absolut** richtig ist, wäre ohne das Adjektiv "**absolut**" also falsch oder nicht ganz richtig. Wenn etwas **enorm** groß ist, dann wäre es ohne das Adjektiv "**enorm**" nicht groß oder vielleicht sogar klein? Eine **relativ** geringe Entfernung, kann durch das verwendete Adjektiv "**relativ**" auch lang sein.

---

> **> Durch ein Adjektiv soll ein Substantiv oder Verb näher bestimmt und definiert werden. <**

---

Adjektive sind nur dann richtig, wenn sie unterscheiden (blaues oder gelbes Auto), aussondern (nicht das rote Auto) oder werten (ein interessantes Eishockeyspiel).

## 9.4.7.17. Klangwiederholungen

In Statements sollten auch Klangwiederholungen vermieden werden, da die Aussprache dadurch holprig wird.

**Beispiel:**

**falsch:**

Die Nachricht, **die die** Menschen interessant.
Wollt **ihr ihr** mehr Informationen geben?

## 9.4.7.18. Anglizismen

Unsere Sprache verwendet immer mehr sogenannte Anglizismen, also Wörter, die aus dem Englischen kommen. Viele dieser Wörter haben mittlerweile eine feste Bedeutung und sind von der überwiegenden Zahl von Lesern und Hörern zu verstehen. Dazu gehören Wörter wie Fax, Chip, Hit, City oder Trend, die für fast alle verständlich sind, da ihre Bedeutung nicht mehr definiert werden muß. Anglizismen, die nicht allgemein verständlich sind, dürfen in Statements nicht vorkommen.

Häufig ist die Übersetzung nicht allgemein verständlicher Anglizismen, wie "Hardware" oder "Software", nicht immer einfach, da Fachkenntnisse erforderlich sind. Für Hardware den Begriff "technische Geräte" oder für Software das Wort "Programm" zu benutzen, ist leider nicht mehr üblich, aber besser.

Anglizismen dürfen nur dann benutzt werden, wenn keine eindeutig zu verstehenden deutschen Wörter zur Verfügung stehen. Dabei ist ein enger Maßstab anzulegen.

## 9.4.8.19. Plastikwörter

Plastikwörter sind ebenfalls in Statements verboten. Uwe Pörksen sagt dazu:

> Plastikwörter sind Kristallisationspunkte unseres Zeitbewußtseins, ihre Magie besteht in ihrer Pseudowissenschaftlichkeit, ihrer unendlichen Verknüpfbarkeit, in ihrer Fähigkeit, politische Systemgrenzen zu überspringen - und in ihrer Leere. Sie dispensieren von der Frage nach dem Wert eines Vorganges und sind geschichtslos. Und obwohl ihre Attraktivität darin liegt, daß sie jedem, der sie benutzt, das Flair von Sachverstand verleihen, sind sie wie geschaffen für einen neuen Menschentyp: den Experten aus Wissenschaft, Ökonomie und Verwaltung. Sie sind Chiffren der Sprache einer neuen Diktatur. Plastikwörter sind Wörter wie Modell, Fortschritt, System, Zukunft, Konsum, Identität oder Beziehung.

Pörksen sagt weiter: "Es geht um den Alltagsgebrauch von Wörtern wie Kommunikation, sozusagen um einige neureiche Neffen der Wissenschaft in der Umgangssprache, kaum mehr als drei Dutzend an der Zahl." Unter Umgangssprache versteht Pörksen die allgemeine Gebrauchssprache, die vor allem öffentlich und eingemischt im lokalen Bereich uns privat entgegentritt. Plastikwörter sind konturschwach. Die Annäherung geschieht oft zuerst in Bildern. Plastikwörter entstammen in der Regel der wissenschaftlichen Sphäre oder sind durch sie hindurchgegangen. Sie zeichnen sich durch einen hohen Abstraktionsgrad aus. Die abstrakte Sprache schafft einheitliche, übersichtliche Räume und entzieht die individuellen Besonderheiten dem Blick. Plastikwörter tendieren in jeder Anordnung dazu, Sätze zu bilden, sind auf beunruhigende Weise austauschbar, lassen sich gleichsetzen, in einer Kette von Gleichsetzungssätzen aneinanderreihen.

---

**Beispiel 'Kommunikation':**

Kommunikation ist Austausch. Austausch ist eine Beziehung. Beziehung ist ein Prozeß."

---

Die Beweglichkeit dieser Wörter, ihre Fähigkeit, Verbindungen einzugehen, scheint fast unbegrenzt und die Möglichkeit ihrer Verfügung unendlich.

Weitere Plastikwörter sind zum Beispiel: Modell, Fortschritt, System, Zukunft, Konsum, Identität, Beziehung.[51]

**Verlassen sei, was selber sich verläßt.**

Shakespeare

## 9.5. Kleidung

Auch wenn es selbstverständlich sein sollte: Das persönliche Erscheinungsbild muß auch in der Pressekonferenz dem Anlaß entsprechen. Die Wahl des Kleides oder des Anzugs und der passenden Krawatte gilt gleichermaßen für Moderatoren als auch für Redner. Unpassende Kleidung – Moderation in einer Pressekonferenz aus Anlaß der Verleihung einer hohen, bedeutenden Auszeichnung im Hemd ohne Krawatte – kann

---

[51] U. Pörksen, Plastikwörter, Stuttgart 1994, S. 11 ff.

auch das Empfinden einzelner Journalisten stören. Zur unpassenden Kleidung gehören auch grelle Farben oder modische Extravaganzen. Es ist alles zu vermeiden, was übertrieben, auffallend oder hypermodern ist.

Da nach Pressekonferenzen auch Fernsehinterviews gemacht werden, aber auch während der Pressekonferenz gefilmt wird, müssen weitere Hinweise beachtet werden. Grätenmuster und kleine Karos sind "out". Sind diese auf Hemden, Kleidern, Sakkos oder Krawatten vorhanden, sorgen sie spätestens bei der Halbtotalen der Kameraführung für Unruhe im Bild. Dies hat zur Folge, daß Zuschauerr visuell abgelenkt werden können und somit die Aussagen des Interviewten nicht mehr beachten.

Auch weiße Kleidung – Ausnahme weiße Hemden und Blusen unter einem Sakko bzw. einem Kleid – und mutige Farbkombinationen sind nicht zu empfehlen. Gedeckte, konservative Farbkombinationen in mittleren Tönen sind die idealen Farben fürs Fernsehen. Das Wort, die Aussagen des Interviewgastes sollen wirken, nicht die Kleidung. Auch wenn grün/blaue Kombinationen (Krawatte/Sakko oder Kleid/Bluse) in der heutigen Zeit einem modischen Trend entsprechen, so sollten derartige Farbkombinationen bei Fernsehinterviews vermieden werden.

Sich selbst dunkel tönende Brillengläser oder Sonnenbrillen sind für Fernsehinterviews nicht ideal, da sie einen negativen Eindruck erwecken können. Profis haben eine zweite Brille ohne Selbsttönung dabei oder verzichten auf das Tragen einer Brille im Interview. Zum korrekten Auftreten gehört vor dem Interview der Blick in den Spiegel, um die Kleidung und Frisur zu kontrollieren.

# 10. Unterlagen

Unterlagen bieten die Möglichkeit, in der Pressekonferenz gegebene Informationen nachzulesen bzw. zu vertiefen. Prospektmaterial, das normalerweise für Werbezwekke eingesetzt wird, erfüllt diesen Anspruch nicht.

## 10.1. Pressemappe

> **Nur Unterlagen aushändigen, die zum Thema gehören.** <

Die Pressemappe erhält eine Agenda der Pressekonferenz, einen "Waschzettel" mit den wichtigsten Fakten und Zahlen sowie die Statements mit dem Hinweis: "Es gilt das gesprochene Wort". Dieser Zusatzvermerk ist erforderlich, um auf mögliche sachliche Abweichungen der Redner hinzuweisen.

Die schon oft gehörte Anweisung, Statements erst nach der Pressekonferenz zu verteilen, damit die Journalisten zuhören, sollte nicht befolgt werden. Eine derartige Anweisung ist ein Affront gegen die Vertreter der Medien. Mit Sicherheit wird er zu Mißmut unter den Journalisten und damit nicht zu einer besonders positiven Einstellung zu den Rednern führen.

### Agenda

11.05 Uhr  Eröffnung durch Pressesprecherin Elvira Hurtig

11.10 Uhr  Statement Dr. Werner Fleißig
(Vorsitzender des Aufsichtsrates der Nocker OHG)

11.16 Uhr  Statement Maria Lustig
(Geschäftsführerin der Nocker OHG)

11.21 Uhr  Statement Volker Bästlein
(Abteilungsleiter Entwicklung der Nocker OHG)

11.30 Uhr  Fragen der Journalisten

12.00 Uhr  Kleiner Imbiß im Raum 14.

Handelt es sich um eine Pressekonferenz im Anschluß an eine größere Veranstaltung, während der Reden gehalten werden, so empfiehlt es sich, die Rede mit einem entsprechenden Sperrvermerk bereits einen Tag vorher den Journalisten zuzuleiten.

Die Journalisten können dann die Rede vorher lesen und sich zum Thema ein Bild machen. Dies erleichtert besonders die Fragestellungen in der Pressekonferenz, da die Journalisten dann im Thema sind. Fehlinterpretationen können verhindert werden. Die vorzeitige Bekanntgabe sollte nur bei wichtigen Reden die Ausnahme sein. Aus Sicherheitsgründen ist deutlich ein Sperrvermerk anzubringen, damit keine vorherige Veröffentlichung erfolgt.

Zeichnungen, Fotos oder Pläne ergänzen die Pressemappe. Die Pressemappe ist zu Beginn der Konferenz auszuhändigen, damit die Journalisten sich über das Thema informieren und die Statements mitlesen können. Ein derartiges Verfahren erleichtert die Arbeit.

Journalisten dürfen nicht mit Informationsmaterial überschüttet werden. Daher enthält die Pressemappe nur Unterlagen, die zum Thema gehören.

---

### Inhalt einer Pressemappe

- Agenda,

- Informationen zu den Rednern,

- Statements (evtl. auf CD-ROM oder Diskette),

- Hintergrundinformationen,

- Bildmaterial (evtl. auf CD-Rom),

- nachrichtliche Zusammenfassung des Themas als Pressemitteilung.

---

## 10.2. Exponate

Ein Thema sollte so lebendig wie möglich dargestellt werden. Neben umfangreichen Infomaterialien eignen sich entsprechende Anschauungsobjekte, z.B. maßstabsgerechte Modelle. Exponate, wie das Modell einer neu zu bauenden Innenstadt, machen die Pressekonferenz visuell lebendiger und sind außerdem ein dankbarer Blickfang für Fotografen und Kameraleute. Aber auch Skizzen schaffen einen visuellen Eindruck.

## 10.3. Schreibunterlagen

Ein besonderer Service ist es, wenn auf jedem Journalistenplatz ein Schreibblock und ein Kugelschreiber liegen.

## 10.4. Erreichbarkeit

Nach dem Ende der Pressekonferenz muß sichergestellt werden, daß die/der Pressesprecherin/Pressesprecher telefonisch erreichbar ist, da es während der redaktionellen Arbeit zu Rückfragen kommen kann. Die Erreichbarkeit muß bis in die Abendstunden – auch am Freitagnachmittag und evtl. am Wochenende – sichergestellt sein. In derartigen Fällen hilft auch die Angabe der privaten Telefonnummer oder der Handy-Nummer.

## 10.5. Nicht teilnehmende Journalisten

Nach Beendigung der Pressekonferenz müssen diejenigen Journalisten, die nicht teilnehmen konnten, durch die Presseinformation der veranstaltenden Pressestelle Informationen zum Thema erhalten. Die Presseinformation enthält die Kernaussagen der Statements. Weiteres umfangreiches Material, wie die vollständigen Statements, dürfen nur in begründeten Ausnahmefällen versandt werden, vielleicht weil eine Teilnahme aufgrund von Krankheit nicht möglich war.

Dem Vorteil der aktiven Teilnahme an einer Pressekonferenz wird entsprochen, sofern den teilnehmenden Journalisten ein Zeitvorsprung für die Veröffentlichung gegeben wird. Dies betrifft allerdings nur Hörfunk, Fernsehen und Online-Medien. Wurde eine Pressekonferenz um 12.00 Uhr beendet, reicht es aus, die Presseinformation zu dem Thema der Pressekonferenz ab 14.00 per Fax zuzusenden.

Werden Journalisten nachträglich mit Informationen aus der Pressekonferenz versorgt, müssen die unterschiedlichen Redaktions- oder Sendezeiten beachtet werden. Auf regionale Besonderheiten, z.B. Sendezeiten im regionalen Hörfunk, muß Rücksicht genommen werden. "Regionale Fenster" im Hörfunk berichten aktuell fast stündlich über Ereignisse aus dem Sendegebiet. Nicht statthaft wäre es, Informationen erst am nächsten Tag zu versenden. Dies dürfte auch nicht im Sinne des Veranstalters sein, der einen möglichst großen Streueffekt mit einer Pressekonferenz anstrebt. Der Vorteil einer Teilnahme ist nicht im Thema selbst zu sehen, sondern in den nur in der Pressekonferenz vermittelten Detailinformationen, die eben nur die teilnehmenden Journalisten erhalten.

Einem Interview- oder Auskunftsbegehren von nicht an der Pressekonferenz teilnehmenden Journalisten sollte oder muß – vgl. den Gleichheitsgrundsatz bei Körperschaften des Öffentlichen Rechts – entsprochen werden. Allerdings ist dies erst möglich, wenn die Interviewwünsche der teilnehmenden Journalisten erfüllt sind. Auch in diesem Fall ist darauf zu achten, daß keine Detailinformationen aus der Pressekonferenz gegeben werden.

Bei der Beurteilung und Abwägung des Umfangs der Informationen muß berücksichtigt werden, ob ein Journalist wegen einsichtiger Gründe nicht teilnehmen konnte. Dies können zum Beispiel Arbeitsüberlastung wegen Urlaubs oder die Krankheit mehrerer Kollegen sein.

## 10.6. Nachbereitung

Die Pressearbeit für ein bestimmtes Thema endet nicht mit dem Ende der Pressekonferenz. Jetzt ist bekannt, welche Medien und welche Journalisten sich besonders für das Thema interessieren. Sie müssen in der Folgezeit mit aktuellen Informationen zu diesem Thema versorgt werden, wollen auf dem neuesten Stand gehalten werden.

Redaktionsbesuche können hilfreich sein, ein Thema noch einmal persönlich mit Journalisten zu besprechen. Fachlich spricht man von einem "Herunterbrechen" des Themas nach der Pressekonferenz.

## 10.6.1. Redaktionsbesuche

Um Redaktionsbesuche reibungslos und erfolgreich zu gestalten, sind einige Grundregeln zu beachten. Vor der Planung eines Redaktionsbesuchs ist eine gründliche Planung erforderlich. Grundlage ist ein für beide Seiten akzeptabler Termin. Es empfiehlt sich, Termine mit Redakteuren vorher abzusprechen. Sind mehrere Redaktionsbesuche an einem Tag geplant, so sollte immer eine ausreichende Pufferzeit zwischen den einzelnen Terminen liegen.

Der Besuch muß eine klare Zeitvorgabe enthalten. Diese sollte eine halbe Stunde im Normalfall nicht überschreiten. Zu beachten ist auch die Tageszeit. Am frühen Morgen stehen fast immer Redaktionskonferenzen auf dem Tagesplan. Der früheste Zeitpunkt ist gegen 11.00 Uhr. Gut ist auch ein Termin in der Mittagszeit, wenn sich dabei die Chance zu einem gemeinsamen Mittagessen bietet. Ab ca. 15.00 Uhr beginnen in den Redaktionen die Streßzeiten. Zeitungen müssen geschrieben und Sendungen vorbereitet werden. Daher sollte der Terminvorschlag von den Journalisten kommen.

Sollte dennoch einmal ein Redaktionsbesuch unangemeldet erfolgen, weil sich dies aus der Situation ergibt, so darf ein solcher spontaner Besuch nur maximal 10 Minuten dauern. Auf die bereits geschilderten Redaktionszeiten ist Rücksicht zu nehmen.

## 10.7. Erfolgskontrolle

Eine Erfolgskontrolle muß eine quantitative und qualitative Auswertung beinhalten. Dabei stellt sich die Frage, ob ein Thema angenommen wurde, es positiv, neutral oder negativ in den Medien behandelt wurde. Auch die Akzeptanz unterschiedlicher Medien muß analysiert und bewertet werden. Unterschiede in der Akzeptanz können bei einzelnen Journalisten, in Redaktionen, aber auch bei den Publikationsarten liegen. Feststellbar ist, ob das Thema evtl. eine Informationslücke darstellte und/oder dadurch weiteres Interesse in der Zukunft zu erwarten ist.

Zur quantitativen Erfolgskontrolle gehört, wie viele Einladungen ausgesprochen, Berichte, Fotos veröffentlicht oder gesendet wurden. Zu berücksichtigen ist auch der Umfang der Veröffentlichung, z.B. als Meldung, Nachricht oder längerer Bericht. Ein weiterer Faktor ist der zeitliche Versatz, die Beantwortung der Frage, ob nur nach der Pressekonferenz berichtet wurde oder ob das Thema noch einige Zeit danach in der Berichterstattung vorhanden war. Auch die Plazierung einer Nachricht – z.B. auf Seite 3 oder 6, rechts oben oder links unten – zeigt qualitative Unterschiede, die aus dem Leserverhalten der Konsumenten abzuleiten sind.

## Abbildung 17: Erfolgskontrolle

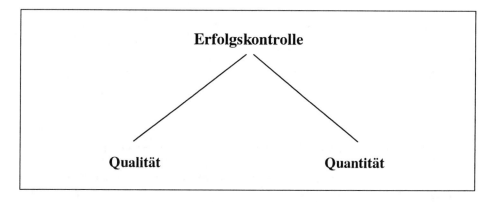

Ausschnittdienste ermöglichen eine Übersicht und Kontrolle über die Veröffentlichungen zum Thema einer Pressekonferenz. Für Hörfunk und Fernsehen gibt es spezielle Beobachtungsfirmen. Die bekannteste ist die Firma Observer,[52] die mit dem Ausschnittdienst "argus media" zusammenarbeitet. Beobachtet werden über 70 deutsche TV-Kanäle inklusive aller öffentlich-rechtlichen, privaten und regionalen Programme. Dazu kommen über 600 Tageszeitungen, 1000 Publikums- und Fachzeitschriften sowie Wochenzeitungen, Nachrichtenagenturen und ca. 1000 Anzeigenblätter. Zusätzlich können 450 Internet-Publikationen ausgewertet werden. Aber auch die Firma Metropol[53] fertigt Presseausschnitte, macht Presseanalysen und Pressespiegel. Für Pressekonferenzen eignen sich sogenannte "Event-Reports", die alle inhaltlichen, qualitativen und quantitativen Veröffentlichungen zu einem Event erfassen. Über das Internet lassen sich mittlerweile täglich Berichte aus den größten Printmedien abfragen.

Eine der umfangreichsten Suchmaschinen für Presseartikel ist "www.paperboy.de". Paperboy ist ein Informationssuchsystem für tagesaktuelle Nachrichten. Mit Paperboy[54] können zum einen in den täglichen Meldungen von mehr als hundert der wichtigsten Nachrichtenanbieter gesucht werden und es kann zum anderen eine persönliche Tageszeitung erstellt werden, die jeden Morgen als E-mail zugestellt wird. Dieser Service ist kostenlos. Weitere Suchmaschinen ergänzen laufend das Angebot.

Ist bekannt, wo und wann ein Beitrag gesendet wurde, besteht auch die Möglichkeit, über die entsprechende Archivstelle der einzelnen Medienanstalten einen Mitschnitt zu erhalten. Dieser ist nicht kostenlos, und oft verweisen die Medienanstalten an Auswertungsfirmen. Mitschnitte dürfen in der Regel aufgrund des Urheberrechts nur für Archivzwecke verwendet werden.

Eine Erfolgskontrolle ist mit Kosten verbunden. Es sollte daher vorher in Erfahrung gebracht werden, was eine Medienbeobachtung durch spezielle Firmen kostet, um teure Überraschungen zu vermeiden.

---

[52] Observer RTV Medienauswertungen GmbH, Merkurstr. 7, 76530 Baden-Baden.
[53] Metropol Gesellschaft E. Matthes & Co. mbH, Uhlandstr. 184, 10623 Berlin.
[54] Heurics Systemhouses, Leonhardtstraße 8, 30175 Hannover, Tel: +49-171-6422550, E-mail: webmaster @paperboy.net.

## Checkliste für die Pressekonferenz

- Termin,
- Redner,
- Statements,
- Veranstaltungsort,
- Einladung,
- Anfahrtskizze,
- verkehrliche Anbindung,
- Hinweisschilder,
- Hilfskräfte für Wegweisung,
- reservierte Parkplätze,
- Raumgröße,
- Bestuhlung,
- Tische,
- Visualisierung (Tageslichtprojektor, Videorecorder, Meta-Plan etc.),
- Mikrofone für Podium und Saal,
- Briefing der Redner,
- weitere Experten in Reichweite,
- Vermittlung von Interviewpartnern,
- Gelegenheit zu Hintergrundgesprächen,
- Fotografen,
- Schwenkbereich Fernsehen,
- Platz für Mikrofone Hörfunk (zentrale Anlage),
- Dolmetscher,
- Simultan-Dolmetscheranlage,
- Mitschnitt der Pressekonferenz (Video),
- Namensschilder für Redner/Moderator,
- Teilnehmerliste,
- Pressemappe,
- aktuelle nachrichtliche Presseinformation,
- Getränke,
- Imbiß,
- Schreibunterlagen,
- Telefon, Fax, PC,
- Erreichbarkeit auch nach Beendigung der Pressekonferenz.

# 11. Medienreise

Der Begriff "Medienreise" wurde gewählt, weil er einen längeren Zeitraum, nämlich eine Reise beinhaltet. Der Begriff "Fahrt" erfaßt eher einen kurzen Zeitraum,
der Begriff "Journalistenreise" die Vorstellung eines längeren Urlaubs, der nicht dem
Anspruch einer Medienreise gerecht wird. Weitere Bezeichnungen sind auch Pressefahrt, Pressereise oder Infofahrt für Journalisten.

Mit der Berichterstattung von einer Medienreise soll das Interesse von Zielgruppen,
also Konsumenten, gemäß dem AIDA-Modell geweckt werden.

**Abbildung 18: AIDA-Modell**

---

### Attention  Interest  Desire  Action
### (AIDA)

1. Stufe = Aufmerksamkeit

2. Stufe = Interesse

3. Stufe = Wunsch/Verlangen

4. Stufe = Realisierung

---

Der **Aufmerksamkeit** (z.B. für eine Landschaft, ein Produkt oder eine Veranstaltung)
durch die Berichterstattung nach einer Medienreise folgt das **Interesse**, das Vorge-
stellte kennenzulernen, und der **Wunsch**, ja sogar das **Verlangen**, das Interesse zu
**realisieren**. Dies wäre der meßbare Erfolg für den Veranstalter einer Medienreise.

## 11.1. Grundsätzliches

Medienreisen müssen in einem nachvollziehbaren Verhältnis zum Informationsanlaß
stehen. Sie dürfen auf keinen Fall das Zeichen einer besonderen persönlichen Vergünstigung sein. Zwar ist die Berichterstattung von einer Medienreise in der Regel

positiv, trotzdem darf die Einladung nicht an die Erwartung eines positiven Berichts geknüpft sein.

Die PR-Richtlinien für den Umgang mit Journalisten, die im Kodex des Deutschen Rates für Public Relations enthalten sind, empfehlen, Reisekosten nicht zu übernehmen. Eine partielle Reisekostenerstattung ist danach nur dann zulässig, wenn von den Arbeitgebern der teilnehmenden Journalisten Zusatzkosten nicht übernommen werden und nur durch die Übernahme der Kosten durch den Veranstalter der Medienreise eine Berichterstattung sichergestellt werden kann. Sie soll nur dann erfolgen, wenn sie "eine einsehbare und allseits unangefochtene Praxis des jeweiligen Presseberufsstandes" ist.[55]

Nach herrschender Praxis muß heute davon ausgegangen werden, daß der Veranstalter die gesamten Kosten trägt. Nur in Einzelfällen kommt es zu einer Kostenübernahme des Arbeitgebers des teilnehmenden Journalisten. Dies ist leider zu bedauern, da dadurch bereits eine psychologische Einflußnahme durch den Veranstalter ausgeübt wird. Aus Sicht der Medien ist dieses Verfahren bedauerlich, aus Sicht der Veranstalter natürlich positiv zu sehen. Da in den Medien für derartige Presseveranstaltungen leider nur selten Geldmittel zur Verfügung stehen, würde es andernfalls nicht mehr zu ausreichenden Teilnehmerzahlen kommen. Souverän arbeitende Journalisten werden sich trotz dieser finanziellen Vorgaben ein objektives Bild machen und sich in ihrer Berichterstattung nicht beeinflussen lassen.

Die Medienreise ist eine besonders intensive Form der Informationsvermittlung. Über einen längeren Zeitraum wollen die Veranstalter ein Thema in aller Ausführlichkeit theoretisch, praktisch und visuell erläutern. Ausgewählt und eingeladen werden Journalisten einer bestimmten, dem Thema entsprechenden Zielgruppe. Dies können sowohl Journalisten einer bestimmten Region, oder/und auch Fachjournalisten bestimmter Ressorts sein. Medienreisen werden zum Beispiel für Wirtschafts-, Kultur- oder Tourismusjournalisten veranstaltet. Werden diese Reisen gut vorbereitet und organisiert, garantieren sie in der Regel eine positive Berichterstattung, die auch für die Zukunft die Basis intensiver journalistischer Berichterstattungen sein kann.

Medienreisen erfordern einen großen zeitlichen, personellen und finanziellen Aufwand. Sie bieten aber auch die interessante Möglichkeit, verschiedenartigste Instrumente der Medienarbeit einzusetzen und miteinander zu verknüpfen. Dies können sein:

---

[55] PR-Richtlinien für den Umgang mit Journalisten, Kodex des Deutschen Rates für Public Relations.

**Instrumente der Medienarbeit bei einer Medienreise**

- Pressegespräch,

- Pressekonferenz,

- Möglichkeit von Einzelgesprächen,

- Besichtigungen,

- Hintergrundinformationen,

- Off-the-records-Gespräche,

- persönlicher Kontakt,

- gegenseitiges Kennenlernen,

- kontaktförderndes Rahmenprogramm,

- Möglichkeit zum ungezwungenen Zusammensein.

## 11.2. Workshop

Medienreisen werden zunehmend auch in der Form von Workshops angeboten. Diese Kennzeichnung signalisiert, daß die Informationsvermittlung im Vordergrund der Veranstaltung steht, das Rahmenprogramm eher nachrangig zu bewerten ist.

**Beispiel:**

**Workshop Expo 2000**

**1. Tag**

**bis 16.00 Uhr:** Individuelle Anreise/Ankunft der Teilnehmer Hannover Hbf.
Einchecken im Hotel ABC, Überstraße 6, 30175 Hannover,

Telefon: (0511) 3495-0, Telefax: (0511) 3495-123

**16.30 Uhr:**     Begrüßung
Fahrt über das EXPO-Café zum Weltausstellungsgelände
Besichtigung des zukünftigen Weltausstellungsgeländes
Führung durch Presse-Scout.

**18.30 Uhr:**     Gemeinsames Abendessen und Abendveranstaltung im Expo-
Gelände

**2. Tag**          (Veranstaltungsort Verwaltungsgebäude, Thurnithistraße 2)

**9.20 Uhr:**      Abholung vom Hotel (Gepäck bitte mitnehmen)

**9.45 Uhr:**      Erläuterung des EXPO-Modells

**10.00 Uhr:**     Erläuterung Bereich Internationale Teilnehmer
Georg Sewig, Bereichsleiter Internationale Teilnehmer

**11.00 Uhr:**     Erläuterung des Themenparks
Albrecht Proebst, Administrativer Leiter des Themenparks

**12.00 Uhr:**     Pause/Imbiß
Zeit zum Small talk

**13.00 Uhr:**     Erläuterung zu den Weltweiten Projekten Deutschland
Dr. Christian Ahrens, Leiter Weltweite Projekte Deutschland

**14.00 Uhr:**     Erläuterung des Finanzkonzepts
Dr. Thomas Borcholte, Bereichsleiter Marketing und Ver-
kauf

**15.00 Uhr:**     Gastredner Stadtwerke

**16.00 Uhr:**     Abschlußdiskussion mit Überraschungsgast und
Andreas Lampersbach, Pressesprecher

**anschließend Transfer zum Bahnhof**
**Moderation: N.N.**

## 11.3. Thema und Programm

Das Thema einer Medienreise muß Spannung und Neugier bei den Journalisten hervorrufen. Ein Thema muß daher genau formuliert werden, um die genannten Voraussetzungen zu erfüllen. Es hat sich bewährt, eine Headline zu formulieren, zu der wiederum mehrere dem Thema zugeordnete Unterthemen gehören.

---

**Beispiel 1:**[56]

| Headline: | **"Städte für die Zukunft"** |
|---|---|
| Unterthemen: | Die Zukunft liegt auf dem Wasser |
| | Städte für die Zukunft |
| | Städte für Europa |
| | Städtebauliche Entwicklung |

**Beispiel 2:**[57]

| Headline: | **"Maler und Poeten"** |
|---|---|
| Unterthemen: | Lenbach und Stuck |
| | Klee und Kandinsky |
| | Ludwig Thoma |
| | Bert Brecht |

**Beispiel 3:**[58]

| Headline: | **"Auf Spurensuche in Bayrischen Klöstern"** |
|---|---|
| Unterthemen: | Benediktbeuren |
| | Wieskirch |
| | Kloster Ettal |

**Beispiel 4:**[59]

| Headline: | **"Der neue Sprinter"** |
|---|---|
| Unterthemen: | Das Modell und seine Varianten |
| | Sicherheit ist unsere Verpflichtung |
| | Komfort steigert das Fahrvergnügen. |

---

[56] Pressereise des Deutschen Städtetages.
[57] Pressereise des Tourismusverbandes München-Oberbayern e.V.
[58] Pressereise des Tourismusverbandes München-Oberbayern e.V.
[59] Eigene Zusammenstellung.

Ein Programm darf nicht überfrachtet werden. Weniger ist in diesem Fall mehr. Bei der Planung müssen eindeutige thematische Schwerpunkte gesetzt werden, die nicht durch Nebenthemen an Wirkung verlieren dürfen. Einzuplanen sind auch Zeitpuffer, da es während der Veranstaltung zu Zeitverschiebungen kommt. Besonders dann, wenn zwischen den einzelnen Programmpunkten größere Entfernungen zurückgelegt werden müssen, sollten Zeitpuffer großzügig geplant werden. Ein Stau auf der Autobahn, in den der Veranstaltungsbus gerät, ist nicht kalkulierbar und kann den gesetzten Zeitrahmen erheblich beeinflussen. In derartigen Fällen müssen je nach Zeitverzögerung komplette Programmpunkte kurzfristig gestrichen werden. Auf **keinen Fall** sollten in derartigen Situationen die ausstehenden Programmpunkte zeitlich gerafft werden.

Eine Medienreise ist um so erfolgreicher, je besser es gelingt, die wichtigsten Informationen professionell zu vermitteln (s. Kapitel 9.1) Wichtig sind sachkundige Vermittler von Informationen. Doch hierbei ist Vorsicht geboten. Stadtführer, Bürgermeister, Denkmalpfleger etc. neigen nicht selten dazu, in eine Art von Selbstbeweihräucherung zu verfallen. Langatmige und einschläfernde Statements sind die Folge, die nicht selten auch den zeitlichen Ablauf durcheinander bringen. Die Verantwortung der Personenauswahl liegt beim Veranstalter. Niemals sollten sich Veranstalter bestimmte Personen für Statements aufdrängen lassen.

Ein genaues Briefing vor der Veranstaltung, aber auch persönliche Erkundigungen über die Art und Weise, wie bestimmte Personen Informationen vermitteln, sind unerläßlich, um negative Überraschungen zu vermeiden.

## 11.4. Planung

Die Planung einer Medienreise erfordert einen enormen Zeitaufwand. Ursula Schneider, zuständig für Medienarbeit bei Schweiz Tourismus, hat errechnet, daß allein für die Leiterin/den Leiter einer Pressestelle leicht bis zu 60 Stunden für die Vor- und Nachbereitung anfallen.

Zu der Planung gehört neben der Festlegung des Themas und des Ziels der Ausrichtung die detaillierte Festlegung der einzuladenden Journalisten. Eine Auswahl nach dem Gießkannenprinzip hat noch nie zum Erfolg geführt. Neben der Auswahl nationaler Journalisten muß auch überlegt werden, ob Journalisten aus einem internationalen Zielgebiet eingeladen werden sollen.

Ist die Medienreise national ausgelegt, so können Journalisten einer bestimmten Region und/oder eines Fachbereichs eingeladen werden. Eine internationale Ausrichtung kann sich auf Journalisten z.B. aus dem asiatischen oder amerikanischen Raum beschränken. Einladungen sollten realistisch gesehen werden. Der Wunsch nach einer Teilnahme bekannter und bedeutender Journalisten ist zwar zu verstehen, doch in den meisten Fällen nicht praktikabel.

Finanzielle Überraschungen werden vermieden, wenn rechtzeitig vor der Reise die genauen Kosten errechnet werden. Hierbei sind finanzielle Reserven einzuplanen, um kurzfristig entstehende neue Kosten abzudecken. Sind mehrere Organisationen gemeinsam Veranstalter einer Medienreise, so muß vorher eine genaue Kostenteilung vereinbart werden, um später keine Überraschungen zu erleben. Dabei sollte auch berücksichtigt werden, ob Sponsoren für die Finanzierung gewonnen werden können. Festgelegt wird auch, wer in der Lage ist, eine Medienreise professionell vorzubereiten und zu veranstalten und letztlich für das Management verantwortlich ist. In der Regel wird der Veranstalter seine/seinen Pressesprecherin/Pressesprecher damit beauftragen. Es gibt aber auch Agenturen, die über einschlägige Erfahrungen verfügen. Entsprechende Kosten sind einzuplanen. Werden Agenturen beauftragt, so ist darauf zu achten, daß sie nicht als Absender der Medienreise in Erscheinung treten (s. Kapitel 6.2)

**Beispiel:**

Gemeinsam wollten Stadtverwaltung, Wirtschaftsverband, IHK, Einzelhandel und verschiedene Banken eine Medienreise zu den wirtschaftlichen Perspektive der Stadt X veranstalten. Festgelegt wurde dabei im Sinne einer Public Private Partnership, daß das Presseamt der Stadt die Veranstaltung organisieren und die Wirtschaft die nötigen Finanzen bereitstellen sollte. Da es eine gemeinsame Veranstaltung im Rahmen eines Stadtmarketingprozesses war, wurden auch die einzelnen Aufgaben vor, während und nach der Veranstaltung genau zwischen den einzelnen Veranstaltern verteilt.

Folgende gemeinsame Strategie wurde vereinbart:

* gemeinsame Planung und Organisation,
* Einladung und Vorbereitung durch das Presseamt,
* Betreuung während der Veranstaltung durch alle Beteiligten.

**Sponsorleistungen:**

* Übernachtungen wurden durch ein Hotel übernommen,
* Banken übernahmen Mittag- und Abendessen,
* Transportleistungen übernahm ein örtliches Busunternehmen,

- Zwischenmahlzeiten wurden durch einen Catering-Service gestellt,
- Gastgeschenke durch die Stadtverwaltung,
- Getränke an der Hotelbar durch den Einzelhandel und
- Kosten der An- und Abreise durch den Wirtschaftsverband.

Nicht nur die Planung erfordert genaue und intensive Absprachen und Überlegungen. Auch die Auswirkungen eines evtl. durch die Berichterstattung ausgelösten öffentlichen Interesses muß berücksichtigt werden.

**Beispiel:**

Ein kleiner Urlaubsort an der Nordsee machte durch eine attraktive und interessant veranstaltete Medienreise nachhaltig auf sich aufmerksam. Im Rahmen der Berichterstattungen ging es auch um eine überregional reizvolle Veranstaltung. Aufgrund der Berichte nach der Medienreise kam es zu einem großen Besucherandrang zum Veranstaltungszeitpunkt. Dieser Andrang wirkte sich negativ auf die Übernachtungskapazitäten aus, da der Urlaubsort nicht in der Lage war, ausreichend Bettenkapazitäten zur Verfügung zu stellen.

Als die Medien von diesem Manko erfuhren, kam es zu mehreren negativen Berichterstattungen. Bemängelt wurden die vom Veranstalter gemachten falschen Angaben während der Medienreise hinsichtlich der Übernachtungskapazitäten.

Dieses Beispiel zeigt, daß euphorische Aussagen während einer Medienreise sich im Nachhinein negativ auswirken können. Nie sollte etwas versprochen werden –auch nicht der Eindruck erweckt werden –, was später nicht erfüllt werden kann. Wird dieser Grundsatz nicht beachtet, sind Medienreisen nicht der Ausgangspunkt einer positiven Öffentlichkeitsarbeit, sondern der Ausgangspunkt negativer Entwicklungen.

> **Nie etwas versprechen, was später nicht erfüllt werden kann.<**

## 11.5. Zielgruppe

Zum Thema passend, werden Journalisten und Fachjournalisten der großen Print-Hörfunk- und Fernsehmedien, aber auch frei arbeitende Journalisten eingeladen. Dies bedeutet, daß für ein Wirtschaftsthema die Chefredakteure großer Wirtschaftszeitungen, die Redaktionsleiter der Wirtschaftsredaktionen bedeutender Print-, Hörfunk- oder Fernsehmedien und bekannte frei arbeitende Wirtschaftsjournalisten eingeladen werden. Sind einzelne, für das Thema wichtige Redakteure bekannt, so müssen diese zusätzlich direkt eingeladen werden. Es kann also durchaus zusätzlich zum Redaktionsleiter oder Chefredakteur eine/ein entsprechende/r Redakteurin/Redakteur derselben Redaktion eingeladen werden. Eine ziellose Streuung ist zu vermeiden.

Es empfiehlt sich, die erste Einladung an 25 Redaktionen bzw. Journalisten zu senden. Ausgehend von der Erfahrung, daß ca. ein Drittel der Eingeladenen nicht zusagen – dabei kommt es auf die Wertigkeit des Themas an –, wird so in der Regel eine Teilnehmerzahl von ca. zwölf Journalisten erreicht. Hat ein Veranstalter bereits regelmäßig mehrere Medienreisen veranstaltet, so liegen auch Erfahrungswerte über die Teilnehmerzahl vor. In derartigen Fällen hat sich oft ein Teilnehmerstamm gebildet, der kaum großen Fluktuationen unterliegt. Zu diesem sind einige wenige weitere Einladungen auszusprechen, da davon auszugehen ist, daß die Teilnehmerzahl der vergangenen Veranstaltungen erreicht wird. Dies wird immer dann der Fall sein, wenn die zurückliegenden Medienreisen besonders interessant waren und einen guten Ruf in Journalistenkreisen haben.

Eine Reserveliste mit den Namen von weiteren 15 Redaktionen oder Journalisten kommt dann zum Einsatz, wenn mehr als ein Drittel der Eingeladenen absagten. Im Notfall – er tritt ein, wenn alle vorgesehenen Journalisten eingeladen sind und weniger als zwölf[60] zugesagt haben – sollten zusätzlich Journalisten allgemeiner Redaktionen der weiteren Region eingeladen werden, damit die Teilnehmerzahl nicht unter zehn Personen sinkt. Haben sich trotz aller Bemühungen nur ca. fünf Journalisten angemeldet, so muß die Veranstaltung abgesagt werden, da der Kosten-Nutzen-Faktor dann negativ ausfällt.

Die Medienreise richtet sich vor allem an Journalisten und Fachjournalisten überregionaler Medien sowie überregional arbeitende freie Journalisten. Ist eine regionale Gebietskörperschaft oder ein Unternehmen in einer bestimmten Region Veranstalter der Medienreise, so sollten zu bestimmten Programmpunkten auch die Journalisten der Lokalpresse eingeladen werden. Dies ist wichtig, da während einzelner Programmpunkte der Medienreise neue Informationen gegeben werden, die auch für die lokale Presse interessant sind und aktuelle Nachrichten beinhalten. Würden sie diese nicht oder verspätet erhalten, könnte es zu einer Beeinträchtigung der täglichen Arbeit kommen.

---

[60] Acht feste Anmeldungen sollten mindestens vorliegen.

## 11.6. Einladung (s. Anhang, Beispiele 1 und 2)

Der erste Hinweis mit dem ungefähren Termin, dem Thema sowie der Bitte um eine unverbindliche Anmeldung sollte ca. ein halbes Jahr vor dem geplanten Termin erfolgen. Dieser lange Zeitraum ist erforderlich, damit Journalisten die Veranstaltung in ihren Terminplanungen berücksichtigen können.

Die Einladung muß immer schriftlich erfolgen. Ein Vierteljahr später muß es zu einer präzisen Einladung kommen, die das Thema, das Datum und den oder die Orte der Medienreise nennt. Nach der detaillierten Einladung ist eine einigermaßen verbindliche Anmeldung (**s. Anhang, Beispiele 3 und 4**) erforderlich, da Veranstalter eine gewisse Planungssicherheit haben müssen.

In der Einladung sollte darauf hingewiesen werden, daß eine Medienreise hohe Kosten und große organisatorische Arbeiten verursacht, die sich nur rechtfertigen lassen, wenn sich die Veranstalter auf Anmeldungen verlassen können.

Zwei Wochen vor der Veranstaltung muß der Veranstalter den angemeldeten Journalisten ein detaillierteres Programm (**s. Anhang, Beispiel 5**) zusenden und die Anmeldung (**s. Beispiel 6**) bestätigen. Im Programm sind alle organisatorischen Einzelheiten zu nennen. Dazu gehören der Treffpunkt, ein genauer Zeitplan, die Route der Reise und die Namen der Hotels, in denen übernachtet wird. Auch die individuellen Anreise- und Abreisemöglichkeiten gehören dazu. Entsprechende Bahn- oder Flugtickets sind beizulegen. Ist bisher ein Hinweis auf die evtl. Kostenübernahme nicht gemacht worden, so sollte sie noch einmal unter Berücksichtigung der Richtlinien im PR-Kodex (s. Kapitel 11.1. Grundsätzliches) deutlich gemacht werden. Wichtig ist auch eine Liste mit allen Telefon-, Faxnummern und E-mail-Anschlüssen, damit die Journalisten während der Reise überall erreichbar sind. Auch im Zeitalter von Handys sollte auf diesen Service nicht verzichtet werden, da nicht immer alle Journalisten über entsprechende Geräte verfügen.

## Planungsschritte einer Medienreise

1. Dreiviertel Jahr vor dem beabsichtigten Veranstaltungszeitpunkt Beginn der Themen-, Zeit-, und Ortsplanung.

2. Unverbindliche Einladung mit Hinweis auf Thema, Ort und Datum **ca. ein halbes Jahr** vor der Medienreise.

3. Verbindliche Einladung mit detailliertem Programm und der Bitte um verbindliche Anmeldung **ein viertel Jahr vorher.**
   **Dabei Anmeldeformular** mit:
   - Absender
   - Zusage/Absage
   - Zahl der Personen
   - zusätzliche Übernachtung vorher oder nachher
   - Bitte um Zusendung von Informationsmaterial
   - Besondere Wünsche (z.B. Interviews, Fotos).

4. Bestätigung des Veranstalters unmittelbar nach der Anmeldung mit endgültigem Programm, Treffpunkt mit Zeit, organisatorischen Hinweisen.

5. **Eine Woche nach Beendigung** der Veranstaltung schriftliches Dankeschön mit dem Angebot weiterer Informationen.

6. Schreiben an alle Journalisten, die nicht teilnehmen konnten, mit allen Unterlagen, ebenfalls **eine Woche nach Beendigung** der Veranstaltung.

## 11.7. Veranstalter

Geplant und organisiert werden Medienreisen durch die verschiedenartigsten Institutionen, wie Stadtverwaltungen, Regionalverbände, Unternehmen, Vereine, oder aber auch durch Zusammenschlüsse einzelner Institutionen. Die Adresse des Veranstalters signalisiert bereits deutlich die Stärke der werblichen Einflußname. Es sollte immer berücksichtigt werden, daß Journalisten sich nicht für werbliche Ziele redaktionell mißbrauchen lassen. Daher dürfte die Vorstellung eines neuen Produktes auf wenig Gegenliebe in bestimmten Redaktionen stoßen, wenn damit eindeutig das Ziel der Werbung verfolgt wird. In diesem Zusammenhang sei auf die Problematik hinsichtlich der Vorstellung neuer Automodelle und damit angebotener lukrativer Medienreisen hingewiesen. Im Einzelnen sind folgende Veranstaltermodelle denkbar.

---

- **Unternehmen**, die ein Produkt vorstellen wollen. Typisch hierfür ist die Vorstellung eines neuen Pkw-Modells. Gerade bei dieser Art von Medienreise gab es in den zurückliegenden Jahre oft große Probleme, da die geforderte Objektivität durch die gestellten Leistungen nicht mehr möglich war. So wurden zum Beispiel deutsche Luxusautos in Brasilien vorgestellt. Dazu gehörte ein sehr üppiges Rahmenprogramm.

- **Städte**, die auf Möglichkeiten der Ansiedlung von Unternehmen, touristische und kulturelle Möglichkeiten hinweisen wollen. Hierzu gehören Reisen für Wirtschaftsjournalisten, denen Ansiedlungs- und Fördermöglichkeiten, die harten und weichen Standortfaktoren, erläutert und gezeigt werden sollen.

- **Organisationen**, **Institutionen**, **Vereine** oder **Verbände**, die bedeutende Themen oder das Programm und die Örtlichkeiten von großen Events vorstellen wollen. Beispiele hierfür können sein: Medienreisen zur Vorbereitung der Olympischen Spiele, Fußballweltmeisterschaften oder Weltausstellungen.

- **Verbände**, z.B. im Bereich Tourismus, die auf ihre Angebotspalette aufmerksam machen wollen (z.B. verschiedenartige regionale Angebote).

---

## 11.8. Kosten

Veranstalter übernehmen grundsätzlich – mit der bereits erwähnten Einschränkung durch die PR-Richtlinien des Deutschen Rates für Public Relations – alle entstehenden Kosten. Dazu gehören nicht Telefonkosten für Privatgespräche, Drinks aus der Minibar oder Getränke und Essen außerhalb des Programms. Werden eine zusätzliche Übernachtung oder ein Vor- oder Nachprogramm angeboten, so müssen auch diese Kosten durch den Veranstalter übernommen werden.

---

### Folgende Kosten können entstehen

• Hotel (gutes Mittelklassehotel, evtl. durch Sponsor Spitzenhotel),

• An- und Abreise (2. Klasse Flugzeug[61] und 1. Klasse Bahn, übliche Kilometerpauschale für Pkws),

• Verpflegung (Frühstück, Mittag- und Abendessen),

• zusätzliche Getränke und Verpflegung während der Fahrt,

• Kosten für Bus- oder Schiffsfahrten,

• Eintritt für kulturelle Einrichtungen oder Veranstaltungen,

• gutes Informationsmaterial,

• kleines Erinnerungsgeschenk,

• besondere Aktionen,

• zusätzliches Personal,

• Dolmetscher (für ausländische Journalisten).

---

Für eine Zahl von zwölf Journalisten – dies ist eine ideale Teilnehmerzahl – können für drei Tage leicht Kosten zwischen ca. 20.000 bis 30.000 DM (ca. 10.000 bis 15.000 EURO) entstehen.

## 11.9. Sponsoren

Durch Sponsoring können die Kosten vollständig oder teilweise gedeckt werden. Besonders öffentlich-rechtliche Körperschaften – Städte, Landkreise u.ä. – beziehen zur

---

[61] Handelt es sich um bedeutende Journalisten, die immer nur 1.Klasse fliegen, muß auch die 1. Klasse angeboten werden.

Finanzierung Sponsoren in die Planungen ein. Diese werden aus nachvollziehbaren Gründen auf einer Selbstdarstellung während der Medienreise bestehen. Die Darstellung muß in einem zu rechtfertigenden Verhältnis zur Leistung stehen. Ist dies nicht gegeben, sollte auf entsprechende Sponsoren verzichtet werden. Mehrere Möglichkeiten sind denkbar. So kann z.B. vor einem Essen – bezahlt vom Sponsor – darauf hingewiesen wird, daß dies von der Firma XYZ gesponsert wurde. Dem Sponsor muß dabei die Möglichkeit gegeben werden, sich kurz darzustellen. Direkte Sponsorleistungen können auch die Überlassung von Bussen, Hotels etc. sein.

Natürlich können auch Presseinformationen des Sponsors und weitere Informationen verteilt oder der Pressemappe beigelegt werden. Sind Unternehmen die Veranstalter, ist besondere Vorsicht geboten, damit nicht durch eine massive Werbung die Objektivität der teilnehmenden Journalisten beeinträchtigt wird.

## 11.10. Jahreszeitliche Planung

Für den Erfolg einer Medienreise – Erreichen der beabsichtigten Zielgruppe durch die Berichterstattungen – ist nicht zuletzt auch die Jahreszeit entscheidend, in der die Veranstaltung stattfinden soll. Soll zum Beispiel ein Skigebiet durch eine Medienreise vorgestellt werden, so darf die Veranstaltung nicht im März stattfinden, da die Skisaison oft bereits Mitte April endet.

Würde die Medienreise im März stattfinden, wäre mit einer Berichterstattung frühestens im April zu rechnen, zu spät für aktuelle Planungen für den Winterurlaub und zu früh für die Planungen des nächsten Winters. Bis zur nächsten Wintersaison wäre das Interesse von möglichen Urlaubern zurückgegangen, die Berichterstattung in Vergessenheit geraten oder aktuellere Berichte aus anderen Skigebieten würden eine Entscheidung beeinflussen. Eine Erfolgskontrolle würde in diesem Fall für den Veranstalter negativ ausfallen.

Ein idealer Monat wäre im vorhergehenden Beispiel der Beginn des Monats Januar. Er bietet eine gewisse Schneesicherheit – wichtig für die visuelle Berichterstattung – und liegt noch so rechtzeitig in der Saison, daß Veröffentlichungen Ende Januar oder Anfang Februar die Planungen der Urlauber für die laufende Saison beeinflussen würden.

Grundsätzlich sollten schöne Jahreszeiten, wie die Monate Mai, Anfang Juni, September oder Oktober, aber auch der Winter bei einem entsprechenden Thema, gewählt werden. Die Vorstellung eines neuen Automodells wirkt im Film und auf Fotos eben besser, wenn im Hintergrund die strahlende Sonne und grüne Natur – evtl. aber auch eine beeindruckende Winterlandschaft – zu sehen sind. Aufnahmen im Regen oder vor Bäumen ohne Blätter wirken eher trist und nicht motivierend.

## 11.11. Dauer

Eine Medienreise sollte in der Regel nicht länger als maximal vier Tage dauern. Ideal ist ein Zeitraum von drei Tagen. Überschreitet die Veranstaltung diesen Zeitraum, muß ein abwechslungsreiches und interessantes Programm geboten werden, um die Attraktivität und die Spannung für das Thema zu sichern.

Die Zahl der teilnehmenden Journalisten hängt von der Dauer einer Medienreise ab, da sie während dieser Zeit nicht in den Redaktionen ihrer Arbeit nachgehen und so personelle Engpässe entstehen können. Folglich ist die Teilnehmerzahl – vielleicht auch die Qualität der Journalisten – größer, je kürzer die Veranstaltungen sind. Die zeitliche Länge eines Berichtes oder einer Sendung ist nicht von der Dauer einer Veranstaltung abhängig.

Je länger eine Medienreise dauert, um so geringer ist die Chance, daß Redakteurinnen/Redakteure[62] selbst teilnehmen. Die Folge ist die Teilnahme freier Mitarbeiter, Volontäre oder sogar Praktikanten. Aber auch gute freie Journalisten haben durch andere Aufträge und durch mögliche Verdienstausfälle während dieser Zeit wenig Interesse an einer längeren Medienreise.

Neben dem Pflichtprogramm muß ausreichend Freizeit für die Teilnehmer eingeplant werden. Weniger Programmpunkte sind in diesem Fall mehr. Die Teilnehmer an Medienreisen benötigen Pausen, um die Eindrücke zu verarbeiten und sich zu entspannen. Sie wollen nicht von einem Programm erdrückt werden. "Aufhänger" für die Berichterstattung sind immer Höhepunkte des Programms. Über Nebenthemen wird nur dann berichtet, wenn diese selbst eine Story sind. Aber Vorsicht! Nebenthemen lenken vom Hauptthema ab, haben den Nachteil, daß die Veranstaltung eine falsche Gewichtung bekommt.

## 11.12. Veranstaltungstage und Tagesplanung

Medienreisen sollten, wenn möglich, zu Beginn einer Woche veranstaltet werden. Die Teilnahme ist zu diesem Zeitpunkt eher möglich, da ab der Wochenmitte meist umfangreichere Arbeiten in den Redaktionen anfallen und evtl. das Thema der Veranstaltung noch zum Wochenende veröffentlicht werden kann. Gerade zum Ende einer Woche sind Journalisten oft mit der Vorbereitung von Wochenendausgaben ihrer Printmedien oder Sendungen beschäftigt. Für den Start einer Medienreise zum Anfang einer Woche spricht auch, daß die Anreise an einem dienstfreien Tag, also am Sonntag oder Samstag erfolgen kann. Die Anreise am Sonntag kann als zusätzlicher Anreiz bereits vom Veranstalter als Erholungstag geplant werden.

---

[62] Festangestellte Journalisten in den Redaktionen.

Das Wochenende eignet sich nicht für eine Medienreise. Die folgenden Anfangs- und Endzeit, berücksichtigt sind normale Anreisewege, sollten eine Orientierungshilfe für Planungen sein:

> **Anreise bis Montag 13.00 Uhr,**
> **Abreise Mittwoch ab 13.00 Uhr.**

Werden diese Zeiten berücksichtigt, besteht die Chance, daß Teilnehmer rechtzeitig zum Beginn der Medienreise am Veranstaltungsort und nach Beendigung am Donnerstagmorgen in der Redaktion sein können.

Das tägliche Programm sollte nicht vor 9 Uhr beginnen. Am Vormittag sollte – wenn das Programm es zuläßt – eine kleine Pause für ein kleines zweites Frühstück eingeplant werden. Die Mittagszeit sollte nicht zu ausgiebig geplant werden. "Leerzeiten" verursachen Langeweile und ermüden die Teilnehmer, die dann für das restliche Tagesprogramm nicht mehr so aufnahmefähig sind wie am Vormittag.

Der Nachmittag sollte ebenfalls durch eine kleine Kaffeepause unterbrochen werden. Pausen sind wichtig, um Energien für die weitere Arbeit aufzunehmen und damit die Konzentrationsfähigkeit für weitere Informationen zu erhöhen.

Gegen 18 Uhr muß das Pflichtprogramm mit der Ankunft im Hotel beendet sein. Ein gemeinsames Abendessen gegen 20 Uhr ist der offizielle Schlußpunkt des Tagesprogramms. Zwischen 18 Uhr und dem Abendessen muß für die Teilnehmer ausreichend freie Zeit zur Verfügung stehen. Diese Zeit muß für die Erholung – im beiderseitigem Interesse – eingeplant werden.

Gegen 22.00 Uhr muß das offizielle Programm beendet sein. Es ist nicht unhöflich, bereits vor Beginn des Abendessens darauf hinzuweisen, daß die Veranstaltung zu diesem Zeitpunkt endet. Die Begründung eines "nächsten anstrengenden Tages" erzeugt in der Regel Zustimmung, und nicht selten sind die Teilnehmer dankbar für einen fixierten Endzeitpunkt des offiziellen Programms.

„Wir hatten einen interessanten und informativen Tag. In unser aller Interesse und mit dem Blick auf den Tagesablauf von morgen sollten wir das heutige Programm um 22 Uhr beenden." Diese Mitteilung sollte vor dem Beginn des Abendessens gegeben werden und auch im Programm enthalten sein. Selbstverständlich kann es nach diesem Termin noch ein gemütliches Beisammensein geben oder einen letzten Drink an der Hotelbar. Dies wäre allerdings freiwillig, und niemand würde sich genötigt fühlen daran teilzunehmen. Da dies alles außerhalb des offiziellen Programms geschehen würde, wäre es die freiwillige persönliche Entscheidung von Teilnehmern.

Nicht zu verhindern ist allerdings, daß es danach noch zu einem privaten, vielleicht sogar gemütlichen Ausklingen des Abends kommt, der für spätere Kontakte nicht unwichtig ist. Hierbei bestellte Getränke sollten bis zu einem bestimmten Zeitpunkt übernommen werden. Die Einladung endet mit der Ankündigung der "Einladung zum letzten Drink". Gespräche nach dem offiziellen Teil sind oft sehr effektiv. Die Veranstalter sollten nach Möglichkeit auch an diesem Teil der Veranstaltung teilnehmen, aber nicht Motor für ausgiebige nächtliche Feiern sein. Das Ziel der Veranstaltung muß im Auge behalten werden. Zeichnen sich ausgiebige Feiern nach Beendigung des Tagesprogramms ab, so ist es nicht unhöflich, einen Endpunkt zu setzen bzw. die Mitarbeiter in einer Gaststätte oder an einer Hotelbar zu bitten, spätestens um 24 Uhr auf den "letzten Drink" aufmerksam zu machen und danach die Getränkeausgabe zu beenden. Professionell arbeitende Journalisten werden in Anbetracht des nächsten Tages hierfür Verständnis haben bzw. schon vor diesem Zeitpunkt den Abend beendet haben.

---

**Tagesablauf einer Medienreise**

8.00 Uhr  Frühstück

9.00 Uhr  Beginn des Programms

11.00 Uhr  kleine Pause

11.30 Uhr  Fortsetzung des Programms

12.30 Uhr  Mittagessen

13.30 Uhr  Fortsetzung des Programms

15.30 Uhr  kleine Pause

16.00 Uhr  Fortsetzung des Programms

18.00 Uhr  Eintreffen im Hotel

20.00 Uhr  Abendessen

22.00 Uhr  Programmschluß.

## 11.13. Betreuung

Eine individuelle Betreuung durch dem Thema entsprechende Fachleute kann maß-
geblich zum Erfolg von Medienreisen beitragen. Geschäftsführer großer Firmen, Vor-
sitzende von Verbänden, Institutionen oder Organisationen gehören genauso dazu,
wie, je nach der Themenstellung, Fachleute und Repräsentanten aus Verwaltung und
Politik. Bei der Auswahl ist eine besondere Sorgfalt zu beachten. Auch Betreuer
sollten vor Beginn in einem Briefing mit den Zielen, dem Thema und dem Programm
vertraut gemacht werden. Ihnen ist ein genauer Überblick hinsichtlich der teilnehmenden Journalisten zu geben. Dazu gehört auch die Zuteilung eines oder mehrerer
Journalisten. So können sich Betreuer bereits im Vorfeld auf die zu betreuenden Journalisten einstellen und Informationen zur Person und ihrer Tätigkeit ermitteln. Haben
sich ausländische Journalisten angemeldet, so müssen versierte Dolmetscher zur Verfügung stehen.

Die Medienreise ist für den Veranstalter eine besonders wichtige Veranstaltung, die
wichtigste Veranstaltung in dieser Zeit. Fachleute sind sachkundige Gesprächspartner
und sollten für den gesamten Zeitraum zur Verfügung stehen. Eine mehrmalige kurzfristige Abwesenheit muß vermieden werden. Da Journalisten wissen, daß derartige
Veranstaltungen nur zu wichtigen Themen organisiert werden, würde andernfalls die
Ernsthaftigkeit der "Botschaft" darunter leiden. Dringendere Termine als die Teilnahme an der Medienreise darf es für betreuende Personen nicht geben. Eine gute
Betreuung der teilnehmenden Journalisten ist der Beweis dafür, wie ernst die Organi-
satoren die Veranstaltung nehmen.

## 11.14. Hotel

Für die Übernachtungen sollten sehr gute Mittelklasse- bis Spitzenhotels ausgesucht
werden. Ein gemütliches, originelles Hotel ist immer einem normalen Hotel vorzuziehen. Die Unterbringung in Spitzenhotels könnte unter Umständen den Rahmen
überspannen oder den Eindruck einer besonderen Vergünstigung hervorrufen. In solchen Fällen sollte eine thematische Verbindung hergestellt werden. Oft sind große
Hotelketten auch bereit, für derartige Veranstaltungen besonders günstige Konditio-
nen zu gewähren. Da dies Journalisten bekannt ist, werden sie in der Wahl eines solchen Hotels keine besondere Vorteilsgewährung sehen.

Der Beginn einer Medienreise ist die erfolgreiche Weichenstellung für das Programm
der nächsten Tage. Ein gutes Hotel, die richtige Begrüßung und der Eindruck einer
professionellen Vorbereitung helfen, dieses Ziel zu erreichen. Der erste Eindruck –
und dazu gehört immer die Unterbringung – sorgt für die optimale Eröffnung.

## 11.15. Verpflegung

Zwischen anstrengenden Vorträgen und Besichtigungen bringt die richtige Verpflegung die nötige Entspannung. Gerade für die Mittagszeit muß immer ein leichtes Essen gewählt werden, das leicht verdaulich ist und die Fitneß der Teilnehmer nicht negativ beeinflußt. Das Abendessen sollte ein Höhepunkt des Tages sein. Lukullische Besonderheiten der Region sind bei der Auswahl der Gerichte vorzuziehen. Das Abendessen muß die kulinarische Krönung des Tages sein. Um ein reibungsloses Servieren des Mittag- und Abendessens zu gewährleisten, damit das folgende Programm nicht unnötig belastet wird, sollten maximal zwei Gerichte zur Auswahl stehen. Immer muß auch an die vegetarische Alternative gedacht werden, die schon mit der Einladung erfragt werden kann. Bei einer Teilnehmerzahl unter zehn Personen besteht allerdings auch die Möglichkeit, à la carte zu essen.

Alkoholische Getränke dürfen erst am Abend angeboten werden. Dabei sollte der Konsum alkoholischer Getränke ein bestimmtes Maß nicht überschreiten, um im Sinne des Veranstalters die Aufnahmefähigkeit der Teilnehmer am nächsten Tag nicht zu beeinträchtigen. Auch das Problem des Rauchens muß erörtert werden. Am besten ist es, generell das Rauchen während des Programms – auch in Beförderungsmitteln – zu verbieten. Dieser Hinweis darf natürlich nicht als Verbot ausgesprochen, sondern muß als Hinweis gegeben werden. „Im Interesse aller Teilnehmer bitte ich darum, auf das Rauchen in geschlossenen Räumen und während der Fahrt zu verzichten. Wir werden regelmäßig kurze Rauchpausen einlegen." Die Rauchpausen müssen dann allerdings auch in den zeitlichen Ablauf des Programms eingeplant werden.

## 11.16. Geschenke

Kleine Geschenke erhalten die Freundschaft. Ein kleines Geschenk, oft ein besonderer Gag, erinnert Journalisten auch Monate später noch an eine erfolgreiche Veranstaltung. Dies gilt auch für Medienreisen. Aber Vorsicht: Es darf sich dabei nicht um hochwertige Geschenke handeln, die auch nur die kleinste Vermutung einer evtl. Einflußnahme wecken. Dies gilt auch für Einladungen zum Essen. Ein normales, gemütliches Restaurant ist üblich. Einladungen in Nobelrestaurants beinhalten immer leicht den Versuch der möglichen Beeinflussung.

Der Deutsche Presserat führt dazu in seinem Pressekodex[63] aus: "Die Annahme und Gewährung von Vorteilen jeder Art, die geeignet sein könnten, die Entscheidungsfreiheit von Verlag und Redaktion zu beeinträchtigen, sind mit dem Ansehen, der Unabhängigkeit und der Aufgabe der Presse unvereinbar. Wer sich für die Verbreitung oder Unterdrückung von Nachrichten bestechen läßt, handelt unehrenhaft und berufswidrig."

---

[63] Vgl. Pressekodex, Ziffer 15, Richtlinie 15.1.

In den PR-Richtlinien[64] für den Umgang mit Journalisten heißt es:

Der Austausch von Geschenken ist unter Gastfreunden und Kollegen in allen Kulturen seit jeher ein Zeichen des gegenseitigen Vertrauens und Wohlwollens. Er geschieht daher uneigennützig. Dieses Prinzip hat auch für geschäftsbedingte Geschenke zu gelten. Auf keinen Fall sind solche Gaben an Gegenleistungen zu koppeln. Eine angemessene Zurückhaltung ist geboten. Dies gilt hinsichtlich des Empfängerkreises, der Anlässe und des Geldwertes.

Empfänger eines PR-Geschenkes sollen namentlich bekannte Personen sein. Anlaß für besondere Geschenke können herausragende, für den Beschenkten einmalige Ereignisse sein. Anlaß für Werbegeschenke können besondere Veranstaltungen sein, zu denen Journalisten eingeladen werden. Diese Geschenke dürfen den finanzamtlich[65] vorgegebenen Rahmen nicht überschreiten.

Alle Zuwendungen und Gefälligkeiten müssen im Rahmen des Üblichen bleiben. Sie sollen wertmäßig so gestaltet sein, daß ihre Annahme vom Empfänger nicht verheimlicht werden muß und ihn nicht in eine verpflichtende Abhängigkeit drängt.

Produkte und Dienstleistungen, die zum Testen angeboten werden, müssen so maßvoll eingesetzt werden, daß sie die Testjournalisten nicht zu einem ungewöhnlichen Lebensstil veranlassen bzw. deren allgemeiner Haushaltsführung oder ständigen persönlichen Nutzung zugerechnet werden können.

Eine Beeinträchtigung der Entscheidungsfreiheit von Verlagen und Journalisten kann dann gegeben sein, wenn Redakteure und redaktionelle Mitarbeiter Einladungen und Geschenke annehmen, deren Wert das im gesellschaftlichen Verkehr übliche und im Rahmen der beruflichen Tätigkeit notwendige Maß übersteigt.

Eine Einladung zum Essen oder kleine Geschenke bewegen sich im Rahmen des Üblichen. Wertvolle Uhren oder andere Wertgegenstände dagegen nicht. Auf jeden Fall sollte **kein Geschenk dazu Anlaß geben**, eine Berichterstattung im Sinn des Schenkenden zu gestalten. Pressesprecher sollten die nötige Sensibilität zeigen, um Journalisten nicht in eine Zwangslage zu bringen, die sich auch zum Nachteil der Schenkenden auswirken kann.

---

[64] Vgl. Kodex des Deutschen Rates für Public Relations, journalist 5/97.
[65] Anmerkung des Autors: liegt z. Zt. bei ca. 80 DM.

## 11.17. Pressemappe und Informationsmaterial

Eine Pressemappe enthält alle Informationen der Medienreise sowie die Statements. Fachlich aufbereitetes Informationsmaterial erleichtert die Nachbereitung des Themas. Bei der Zusammenstellung der Pressemappe gilt der Grundsatz: Nur die wichtigsten Informationen in übersichtlicher Form der Pressemappe beilegen.

Abträglich ist ein Überangebot an Informationsmaterial, da kein Teilnehmer die Zeit hat, noch einmal intensiv alle Unterlagen durchzulesen. Überflüssiges Informationsmaterial verwirrt die Journalisten, da sie später bei der Vielzahl der Informationen verschiedene Fakten nicht mehr genau einem Thema zuordnen können.

Sind schriftliche Statements vorhanden, so sollten sie vorher ausgehändigt werden, damit sich Journalisten bereits während der Reden entsprechende Passagen markieren können. Auf den Statements ist deutlich der Satz anzubringen: "Es gilt das gesprochene Wort."

Auf Wunsch – oder als zusätzlicher Service – sollte den Teilnehmern angeboten werden, Informationsmaterial an die Heimatadresse zu senden, um so das lästige "Mitschleppen" zu vermeiden. Dabei muß sichergestellt werden, daß das Informationsmaterial so schnell wie möglich den Empfänger erreicht, weil dieser mit Sicherheit die Unterlagen für seine redaktionelle Aufarbeitung des Themas benötigt.

Nehmen ausländische Journalisten teil, so muß mehrsprachiges Informationsmaterial – auf Englisch, Französisch, Spanisch oder sogar in anderen Sprachen – bereit gehalten werden. Auch die Statements müssen in die jeweilige Fremdsprache übersetzt werden.

## 11.18. Nachbereitung

Auch diejenigen Journalisten, die kurzfristig die Veranstaltung absagen mußten, erhalten alle Unterlagen, die während der Medienreise verteilt wurden. Da sie Interesse an der Veranstaltung bekundeten, sollten sie auch weiterhin mit Informationen zum Thema versorgt werden. Mit Sicherheit werden sie diese in ihrer aktuellen Berichterstattung berücksichtigen (**s. Anhang, Beispiel 7**).

Journalisten, die an der Veranstaltung teilnahmen, sollten auch weiterhin als "Adresse" gepflegt werden. Ein kurzes Schreiben als Dankeschön (**s. Anhang, Beispiel 8**) für die Teilnahme nach Beendigung der Reise und evtl. schon der Hinweis auf weitere Veranstaltungen (**s. Anhang, Beispiel 9**) sind ein sympathischer Abschluß einer Veranstaltung. Dem Schreiben sollten, sofern noch nicht geschehen, die Adressen aller Ansprechpartner beigefügt werden, die während der Reise die Teilnehmer betreuten. Ein kleiner Gag als Anlage und die Veranstaltung wird noch einmal positive Erinnerungen und sicherlich weitere Berichterstattungen auslösen.

Das Dankschreiben des Tourismusverbandes Oberbayern enthielt als letzten Absatz folgenden originellen Hinweis:

„Ja und weil's doch so gut geschmeckt hat auf mehrfachen Wunsch das Rezept der Bärlauchsuppe aus dem Parkhotel Egerner Hof. Gutes Gelingen beim Nachkochen!"

## 11.19. Erfolgskontrolle (s. auch Kapitel 10.7)

Die Auswertung von Presseberichten nach Medienreisen beweist, daß derartige Veranstaltungen eine große Veröffentlichungsquote haben.

Längere Berichte in den verschiedensten journalistischen Darstellungsformen sind das Ergebnis einer erfolgreichen Veranstaltung. Medienreisen bewirken aber nicht nur kurzfristig Veröffentlichungen in den Medien. Auch in den Monaten nach der Veranstaltung wird ein Thema immer wieder in den Medien Berücksichtigung finden. Journalisten haben nach Abschluß einer Medienreise eine überwiegend positive Einstellung zum Thema und zum Veranstalter. Oft entwickeln sich persönliche Kontakte, die langfristig für den Veranstalter besonders wichtig sind. Aus diesen Gründen werden Teilnehmer von sich aus das Thema oder weitere Themen verfolgen und bei aktuellen Entwicklungen darüber berichten.

Teilnehmer einer Medienreise sind gern bereit – oder aber bieten dies sogar selbst an –, Belegexemplare von Veröffentlichungen in Printmedien oder Mitschnitte von Hörfunk- und Fernsehsendungen dem Veranstalter zur Verfügung zu stellen. Darüber hinaus können bei den einschlägigen Beobachtungsdiensten Aufträge für eine bestimmte Themenbeobachtung über einen bestimmten Zeitraum erteilt werden (s. Kapitel 10.2).

# 12. Anhang

## 12.1. Checkliste Gesamtplanung Pressekonferenz

### Vor dem Veranstaltungszeitpunkt

* **4 Wochen: erste Planungen**
  dabei: 1. Themenfixierung,
  2. Termin,
  3. Ort,
  4. mögliche Redner,
  5. Besonderes.

* **3. bis 4. Woche: Rednerauswahl und Themenabsprache**
  dabei: 1. Termin für die Abgabe der Statements (3 Tage vorher),
  2. Festlegung des Umfangs der einzelnen Statements.

* **3. Woche: Auswahl und Reservierung des Veranstaltungsraumes**
  dabei: 1. Planung der technischen Einrichtung
  (evtl. Miete von akustischen Anlagen, Simultan-Dolmetscheranlage, PC, etc., Bestellung zusätzlicher Telefonanlagen (ISDN),
  Faxgeräte und Leitungen für Live-Sendungen (Telecom),
  2. Bestellung Imbiß,
  3. Planung der Sitzordnung (genügend Stühle und Tische).

* **2. Woche: Versand der Einladungen**
  dabei: Faxantwort für die Anmeldung. Frist 3 Tage vor der Pressekonferenz.

* **1 Woche : Kontrolle und qualitative Bewertung der bereits erfolgten Anmeldungen**
  dabei: evtl. Nachfassen in den Redaktionen.

- **1 Woche : Zusammenstellung der Pressemappe**
  dabei:  evtl. Druck besonderer Unterlagen.

- **5 Tage: Festlegung des genauen Ablaufs**
  dabei:  1. Ablaufplanung an Redner und Mitarbeiter,
  2. Planung Personaleinsatz,
  3. Aufgabenverteilung.

- **3 Tage : Statement-Vergleich und Änderungen**
  dabei:  Vervielfältigungen für die Pressemappe.

- **3 Tage: Ergebnisse der Anmeldung**
  dabei:  1. ungefähre Festlegung der Zahl der Sitzplätze,
  2. ungefähre Anzahl der Pressemappen/Präsente,
  3. genaue Bestellung für Imbiß.

- **2 Tage: Fertigstellung des Moderationstextes**

- **1 Tag: letzter Ablaufcheck**

- **1 Stunde: Persönlicher Check durch Verantwortlichen**
  dabei:  1. Technik,
  2. Service,
  3. Briefing der Mitarbeiter,
  4. Kontrolle der Pressemappe,
  5. Kontrolle der Wegweisung,
  6. Kontrolle der Sitzordnung,
  7. Kontrolle hinsichtlich möglicher Lärmquellen.

- **½ Stunde: Briefing der Redner**

- **¼ Stunde: Persönliche Begrüßung der Journalisten**

## 12.2. Grobplanung Pressekonferenzen für "Event 2002 in Köln"[66]

| | | |
|---|---|---|
| **2000** | Oktober | Pressekonferenz zum Thema der Veranstaltung in Köln |
| **2001** | Januar | Pressefrühstück "EVENT 2002 IN KÖLN" |
| | Februar | Pressekonferenz in Berlin |
| | März | Pressekonferenz für internationale Presse in London |
| | Juli | Pressefrühstück "EVENT 2002" in München |
| | Oktober | Pressekonferenz in Stockholm |
| **2002** | Januar | Pressefrühstück "EVENT 2002" in Frankfurt am Main Pressekonferenz für internationale Presse in Paris |
| | Februar | Pressekonferenz in Köln |
| | März | Pressekonferenz in Washington für amerikanische Medien |
| | April | Pressekonferenz in Singapur für asiatische Medien |
| | Mai | Medienreise mit nationaler und internationaler Presse Dauer: 3 Tage |
| | Juni | Regionale Pressekonferenzen in Essen, Frankfurt, Berlin, Hamburg und München. |
| | Juli | Auftaktpressekonferenz mit Presserundgang |

---

[66] Es handelt sich hierbei um ein Großereignis.

## 12.3. Beispiel 1: Grobplanung Medienreise mit Anschreiben

**Endlich Ferien. Ihre Schweiz.**

**TELEFAX**

An:

| | |
|---|---|
| **Von:** | Ursula Schneider |
| **Tel.-Durchwahl:** | 069/25 60 01-32 |
| **Datum:** | 23. Februar 1998 |
| **Seiten:** | |
| **Betrifft:** | **Medienreisen 1998 -** |
| | **Termin: 27.2. - spätestens 2.3.98** |

Liebe Damen und Herren,

mit diesem Fax erhalten Sie die Ideen, bzw. Grobplanung unserer Medienreisen 1998.

Zu unseren Medienreisen laden wir ausgesuchte Medien (Key Medias, freie Journalisten und Redakteure von Zeitungen, Zeitschriften und vom Hörfunk) ein. Sie und Ihre Partner bitten wir, uns bis zum **27. Februar/spätestens 2. März 1998** zu überlegen, ob Sie an der Sie betreffenden Medienreise Interesse haben und sich finanziell beteiligen wollen.

Zur Programmgestaltung benötigen wir nur ein paar Stichworte, in Absprache mit den Partnern und den involvierten Regionen. Sicher haben Sie in der vorgesehenen Zeitspanne das eine oder andere Ereignis, zu dem es sich besonders lohnt, Medien einzuladen. Das jeweilige Thema sollte aber zentraler Punkt sein und wie ein roter Faden während der ganzen Medienreise verfolgt werden. - Drei bis vier Programmpunkte reichen uns für das Grobprogramm. Bitte beachten Sie auch die angegebenen Vorstellungen zur Finanzierung. Sofort nach Erhalt Ihrer

Zusagen werden wir dann mit einigen Programmpunkten gezielt Medien einladen. - Weiter bitten wir Sie, ca. 2 Monate vor Beginn der Reise in Ihrem Zuständigkeitsbereich uns einen Programmvorschlag zu senden.

Wir danken für die aktive Mitarbeit und freuen uns auf eine weitere gute Zusammenarbeit.

Mit freundlichen Grüssen

Ursula Schneider
Medien

**Schweiz Tourismus**
**Landesvertretung Deutschland / Vertretung Personenverkehr Schweizerische Bundesbahnen**
**Kaiserstraße 23, 60311 Frankfurt am Main, Telefon 069 / 25 60 01-0, Telefax 069 / 25 60 01-38**
**Btx *40804#, Postgiro Ffm 155715 - 608**

**Einladung zu einer Medienreise "ENDLICH FERIEN. IHRE SCHWEIZ."**

❑ Medienreise 1:
   **IN DIE PEDALE - VELO-EVENT BERN UND RHEIN-ROUTE**
   *Velo-Event in Bern mit anschliessender Genussfahrt entlang dem Rhein durch Graubünden und Ostschweiz. Kennenlernen der Infrastruktur*

   Termin: 30. Mai - 3. Juni 1998
   Teilnehmer: 8-10 Medien/1 Begleiter
   Zielgruppe: **stark Velo-Interessierte mit entsprechendem Ziel-Publikum**
   Anzahl Nächte: 4 - Orte: Bern und (bei Programm-Gestaltung zu bestimmen)
   Anreise: DB /SBB
   Kosten: Eurotrek, ST (2 Mahlzeiten pro Tag/Person à 35 Fr), Regionen/lokale Tourismusbüros (SBB= Swiss Pässe von ST)

   ◆ ◆ ◆

❑ Medienreise 2:
   **Wilhlem-Tell Express und Centovalli-Bahn feiern Geburtstag**
   *Der reizvolle Schiffs-Express, die Bahn im romantischen Centovalli und die Gourmet-Angebote in der Zentralschweiz und im Tessin ergeben eine genussreiche Geschichte*

   Termin: 25. Juni-30. Juni 1998 (bitte überprüfen, ob sinnvoll)
   Teilnehmer: 8 Medien/1 Begleiter
   Zielgruppe: **Medien mit Zielpublikum Singles und Dinks und nicht mehr ganz Junge, die genussvolles Reisen schätzen - Print und Radio**
   Anzahl Nächte: 5 - Orte: 2 bis höchstens 3 (bei Programmgestaltung zu bestimmen)
   Anreise: DB/SBB
   Kosten: SGV, Centovalli-Bahn, ST (2 Mahlzeiten pro Tag/Person à 35 Fr), Regionen/lokale Tourismusbüros und Hotels (SBB=Swiss Pässe von ST)

   ◆ ◆ ◆

❑ Medienreise 3:
   **Bärentrek im Berner Oberland (mit Eurotrek)**
   *ein weiterer Teil des Bärentreks mit Ausgangspunkt Meiringen-Lauterbrunnen-Kiental-Kandersteg-Adelboden (weitere Teilstücke der Wanderung vom September 1996)*

   Termin: Ende August 1998
   Teilnehmer: 8-10 Medien/1 Begleiter
   Zielgruppe: **gute Wanderer mit Zielpublikum Singles und Familie mit grösseren Kindern, rüstige Senioren - Print-Medien u. Radio**
   Anzahl Nächte: 5 - Orte: (bei Programmgestaltung zu bestimmen, kann auch Berggasthaus sein)
   Anreise: DB/SBB
   Kosten: Eurotrek, ST (140 Fr pro Tag/Person, da Projekt Sommer), Region/lokale Tourismusbüros und Hotels (SBB= Swiss Pässe von ST)

❑ Medienreise 4:

**VELO SPASS RHONE ROUTE**

*Auf ruhigen Wegen durchs Wallis entlang der Rhone und durch die Weinberge bis Genf mit seinem französischen Flair. Abstecher in die Höhen sind erlaubt.*

Termin: 12. bis 17. September 1998
Teilnehmer: 8-10 Medien/ 1 Begleiter
Zielgruppe: **Genuss-bis anspruchsvollere Radler, auch Familien sollten das Zielpublikum sein.**
Anzahl Nächte: 5 - Orte (bei Programmgestaltung zu bestimmen)
Anreise: DB/SBB
Kosten: Eurotrek, ST (2 Mahlzeiten pro Tag/Person à 35 Fr), Regionen/lokale Tourismusbüros (SBB= Swiss Pässe von ST)

❑ Medienreise 5:

**AVENCHES: OPER IN DER ARENA MIT KULTUR-WANDERN IM FREIBURGER-LAND UND MURTENSEE**

*Kultur, verbunden mit einem Event und auf kulturellen Spuren wandern. Kleine Orte in noch weniger bekannter Landschaft.*

Termin: ca. 3.-8. Juli 1998 oder 17.-22. Juli 1998 (oder nach Emfpehlung)
Teilnehmer: 8 Medien/1 Begleiter
Zielgruppe: **Wir möchten kulturinteressierte Freizeitmagazine, Life Style- und Zeitungen mit hohem Niveau ansprechen - ev. auch Idee für Leserreisen**
Anzahl Nächte: 5 - Orte 2 (bei Programmgestaltung zu bestimmen)
Anreise: ev. Flug/SBB oder DB/SBB
Kosten: Avenches - Region Freiburgerland, ST (2 Mahlzeiten pro Tag/Person à 35 Fr), Regionen/lokale Tourismusbüros, Hotels (SBB= Swiss Pässe von ST)

## 12.4. Beispiel 2: Einladung und Programm

## Einladung

zur Pressereise
auf den Spuren der
**„Maler und Poeten"**
22. bis 25 April 1997

München, im März 1997

Sehr geehrte Damen und Herren,

seit 200 Jahren zieht das Land am nördlichen Rand der Alpen Maler und Poeten in seinen Bann - als Lebensmittelpunkt, als Sommerfrische, als Quelle für Inspiration und Kreativität. Viele von ihnen gehören zu den besten ihrer Zunft:

Lenbach und Stuck, Klee und Kandinsky, Franz Marc und Lovis Corinth als Maler, Thomas Mann, Ödön von Horwath, Oscar-Maria Graf, Lion Feuchtwanger, Ludwig Thoma, Bert Brecht, Peter Handke, Thomas Bernhard, Georg Trakl, Hans Carossa oder Sten Nadolny als Schriftsteller, um nur ein paar zu nennen.

Vom 22. bis 25. April 1997 wollen wir uns auf ihre Spuren heften: Augsburg und München, der Chiemsee und Salzburg, Tegernsee, das Tölzer Land und der Starnberger See sind unsere Ziele und wir hoffen, daß Sie dabei sind. Ein vorläufiges Programm haben wir in der Anlage beigefügt. Beginn unserer Reise ist am 22. April um 9.00 Uhr in Augsburg, Rückkehr in München am 25. April gegen 18.00 Uhr. Sollten Sie bereits am Vorabend nach Augsburg anreisen bzw. von München keine Rückreisemöglichkeiten mehr haben, sind wir selbstverständlich gerne bereit, für entsprechende Übernachtungsmöglichkeiten zu sorgen. Ihre An- und Abreisekosten (Flug/Bahnticket) können Sie nach Beendigung der Reise natürlich auch über uns abrechnen.

Bitte geben Sie uns Ihre Teilnahme durch beiligendes Antwortformular bis **spätestens 15.04.97** bekannt. Das endgültige Programm sowie eine Teilnehmerliste erhalten Sie zu gegebener Zeit. Über Ihre Begleitung auf unserer Spurensuche würden wir uns sehr freuen und verbleiben mit den besten Wünschen für die bevorstehenden Osterfeiertage

Mit freundlichen Grüßen

Manfred Kröniger
Geschäftsführer

Angelika Mehnert-Nuscheler
Presse- und Öffentlichkeitsarbeit

## Pressereise Maler & Poeten: 22. – 25. April 1997

## Programm

### Montag, 21. April 1997                                    Hotel

Individuelle Anreise verschiedener Teilnehmer nach Augsburg

Hotel Ibis
Halderstr. 25
86150Augsburg
Tel.: 0821/50 16 0
Fax: 0821/50 16 150

### Dienstag, 22. April 1997

| | |
|---|---|
| *08.00 Uhr* | Abfahrt mit dem Bus am Hauptbahnhof in München, für Teilnehmer aus München. Bus-Terminal Arnulfstraße. Busfirma: Omnibusreisen Kamhuber. |
| *09.30 Uhr* | Zusammentreffen der Teilnehmer.in Augsburg, Hotel Ibis<br>Begrüßung und anschließend Stadtführung zu den Themen Bert Brecht und Agnes Bernauer<br>Mittagessen im Ratskeller |
| *13.30 Uhr* | Fahrt mit dem Bus nach München. |
| *14.30 Uhr* | Führung durch die Sammlung Blauer Reiter im Lenbachhaus. |
| *15.30 Uhr* | Fahrt mit dem Bus zum Wedekindplatz |
| *16.00 Uhr* | Kaffeepause im Drugstore<br>Rundgang durch Schwabing zum<br>Thema „Schwabinger Bohème" mit Dr. Heißerer |
| *18.30 Uhr* | Fahrt mit dem Bus zum Hotel Exquisit und Check-In |
| *19.45 Uhr* | Gang oder Fahrt mit der U-Bahn zum Abendessen<br>im Restaurant Haxnbauer. |

Hotel Exquisit
Pettenkoferstr. 3
80336 München
Tel.: 089/5 51 99 00
Fax: 089/55 19 94 99

### Mittwoch, 23. April 1997

| | |
|---|---|
| *08.00 Uhr* | Fahrt mit dem Bus zum Chiemsee. |
| *09.30 Uhr* | Besuch der Rathausgalerie mit Werken der Chiemsee-maler. |
| *10.50 Uhr* | Abfahrt mit dem Schiff von Prien-Stock zur Fraueninsel.<br>Mittagessen im Gasthof zur Linde |
| *13.50 Uhr* | Rückfahrt mit dem Schiff nach Gstadt |
| *14.30 Uhr* | Weiterfahrt über Pavolding nach Berchtesgaden |
| *Ca. 16.00 Uhr* | Ankunft in Hintersee/Malerherberge Gasthof Auzinger |
| | Danach Fahrt mit dem Bus zum Königsseee<br>Spaziergang zum Malerwinkel ca. 15 Min |
| *18.00 Uhr* | Sektempfang im Königlichen Schloß bzw. im Schloß-museum Berchtesgaden. Führung durch die Galerie des 19. Jahrhunderts |
| *20.00 Uhr* | Abendessen im Hotel.<br>„Alternativer" literarischer Heimatabend . |

Hotel Rehlegg
Holzengasse 16 – 18
83486 Ramsau
Tel.: 08657/12 14
Fax: 08657/501

### Donnerstag, 24. April

*08.00 Uhr*      Fahrt mit dem Bus nach Salzburg zum Literaturhaus

*09.00 Uhr*      Literarischer Stadtrundgang

12.30 Uhr      Gemeinsames Mittagessen Gasthaus Krimplstätter

14.00 Uhr      Fahrt mit dem Bus ins Tegernseer Tal

*Ca. 16.00 Uhr*   Ankunft in Tegernsee, Besuch und kurze Führung durch das Thoma-Haus

*17.00 Uhr*      Führung durch das Gulbranson-Museum                 Parkhotel Egerner Hof
*Ca. 18.00 Uhr*   Fahrt mit dem Bus zum Hotel, Check-In                 Aribostr. 19 – 21
              Abendessen im Hotel                                  83700 Rottach-Egern
*20.00 Uhr*      Fahrt zum Lieberhof,, kurzes Abendprogramm            Tel.; 08022/66 60
                                                                 Fax: 08022/66 62 00

### Freitag, 25. April 1997

*08.30 Uhr*      Abfahrt mit dem Bus ins Tölzer Land.
              Fahrt über die Mautstraße Jachenau-Einsiedl
*09.30 Uhr*      Besichtigung  Franz Marc Museum
*10.30 Uhr*      Rundgang Kochel am See
              Franz Marc´s Grab,  Kochelseemoos mit
              Heuhocken.
*11.45 Uhr* ca.   Mittagessen „Schmied von Kochel"

*13.15 Uhr*      Weiterfahrt nach Berg am Starnberger See

*14.15 Uhr*      Rundfahrt mit dem Bus über Starnberg nach Tutzing
              Kaffeepause im Midgard-Haus

              Rückfahrt nach München

*17.30 Uhr* ca-   Ankunft München

### Änderungen vorbehalten

## 12.5. Beispiel 3: Anmeldung

Tourismusverband
München Oberbayern
Frau Angelika Mehnert
Postfach 60 03 20                    Bodenseestr. 113

81203 München                       81243 München


Fax-Nr. 089/829218-28
Tel. 089/829218-13

# Anmeldung

An der Pressefahrt


„Spurensuche Maler und Poeten"
vom 22. bis 25 April 1997


☐   nehme ich teil mit  ☐   Personen

☐   nehme ich nicht teil

☐   bitte schicken Sie mir die Unterlagen

☐   zusätzliche Übernachtung in Augsburg/München

**Absender:**...........................................................

....................................................................

....................................................................

....................................................................

# 12.6. Beispiel 4: Anmeldung

Schweiz Tourismus
Medien
Kaiserstrasse 23

60311 Frankfurt am Main

Hiermit melde ich mich/meine Kollegin/meinen Kollegen zu der **angekreuzten
Medienreise** an:

❑ 2          Priorität 1 - 2 - 3 **Wilhelm-Tell Express und Centovalli-Bahn**

❑ 3          Priorität 1 - 2 - 3 **Bärentrek im Berner Oberland**

❑ 4          Priorität 1 - 2 - 3 **Velo Spass Rhone-Route**

❑ 5          Priorität 1 - 2 - 3 **Festival und Kulturwandern**

Name : ................................................          Vorname : ..............................................

❑Freier Journalist          ❑Redaktion

Anschrift : ..........................................................................................................

..............................................................................................................................

Telefon : .......................................          Telefax : ..........................................

Anreise :

ab Bahnhof : ......................................................          ❑Bahn

Rückreise am :............................................................................................................

Bemerkungen (z. B. Vegetarier, bes. Interview-Wünsche):................................

..............................................................................................................................

..............................................................................................................................

**BITTE GLEICH ODER BIS 20. April 1998 ABSENDEN oder FAXEN!**

Vergessen Sie bitte nicht, die Prioritäten für Ihre Ersatzreise zu vergeben - es könnte ja
sein, dass die von Ihnen gewünschte Reise bereits belegt ist.
Wir werden Ihnen Ihren Wunsch bestätigen. Sollten Sie die Reise nicht antreten können,
bitten wir um Ihre Nachricht bis mindestens 3 Wochen vor Reisebeginn, da wir sonst eine
Unkostenbeteiligung erheben werden.

**Fax-Nr. 069/25 60 01 38**
2/98-sch

# 12.7. Beispiel 5: Anmeldebestätigung, Regularien und detailliertes Programm

Frankfurt a.M.,     den 10. Juli 1998
Tel.-Durchwahl:   069/25 60 01 32

**Medienreise "Festival und Kulturwandern" vom 17.-22. Juli 1998**

unsere gemeinsame Reise "Festival und Kulturwandern" steht kurz bevor. Ich freue mich sehr, dass Sie dabei sein werden. Anbei erhalten Sie folgende Unterlagen:

- Teilnehmerverzeichnis
- für Bahnfahrer Fahrplan mit Zugsempfehlung (ohne Reservierung) +DB-Fahrkarte
- einen Swiss Pass für Ihre Fahrten ab Schweizer Grenze (bitte unterschreiben und Pass-/Personalausweisnummer eintragen) - Die Bahn-Broschüre STS enthält in der Mitte eine Schweiz-Karte!
- Das Programm mit Doppel für die Daheimgebliebenen

Die Deutsche Bahn AG war so freundlich, diese Reise mit Freifahrscheinen zu unterstützen. Die Münchner bitte ich, die kurze österreichische Strecke Lindau-St. Margrethen und retour im Zug zu lösen. Kann bei mir zurückgefordert werden.

Die Gruppe wird kurz nach Ankunft des Zuges von Frau Solange Noth und mir am Bahnhof empfangen.

Sportlich-legere Kleidung für alle Wetterlagen und Schuhe, die auch eine kleine Wanderung überstehen, ist das richtige. Die Abendessen werden zum Teil in gepflegten Restaurants serviert. Zur Oper in der Arena ist leger-gepflegte Kleidung empfehlenswert.

Nun wünsche ich Ihnen eine schöne Reise mit viel Sonnenschein und guten Themen, die eine verlockende kultur-genüssliche Geschichte ergeben.

Mit freundlichen Grüssen


Ursula Schneider
Medien

P.S.: Medienschaffende, die auf Einladung von Schweiz Tourismus die Schweiz einzeln oder in Gruppen besuchen, sind während ihres Aufenthaltes gegen Unfälle versichert. Die Haftung erfolgt subsidiär, d.h. die persönliche Unfallversicherung des Geschädigten ist primär leistungspflichtig.

**Schweiz Tourismus**
**Landesvertretung für Deutschland / Vertretung Personenverkehr der Schweizerischen Bundesbahnen**
**Kaiserstraße 23, 60311 Frankfurt am Main, Telefon 069 / 25 60 01-0, Telefax 069 / 25 60 01-38**
**e-mail ursula.schneider@switzerlandtourism.ch, Internet http:/ /www.SwitzerlandTourism.ch**

```
┌─────────────────────────────────────────────┐
│                                             │
│              P R O G R A M M                │
│         Medienreise "Bären-Trek"            │
│          vom 16. bis 21. August 1998        │
│                                             │
└─────────────────────────────────────────────┘
```

**Sonntag, 16. August 1998**

| | |
|---|---|
| 16.30 h | Ankunft in Mürren |
| | Transfer und Check-in Hotel Alpenruh, Fam Goetschi, Tel. |
| | 0041/33/456 88 00, Fax 0041/33/856 88 88 |
| ca. 19 h | Rendez-vous an der Hotel-Réception |
| | Gemeinsamer Spaziergang durch Mürren mit dem Kurdirektor, Herrn |
| | Peter Lehner |
| ca.19.30 h | Willkommens-Apéritif mit Alphornklängen beim Sportzentrum |
| ca. 20 h | Abendessen im Hotel Alpenruh |
| | Übernachtung in Mürren |

**Montag, 17. August 1998**

| | |
|---|---|
| | *Gepäcktransfer auf die Griesalp* |
| 8.30 h | Fahrt aufs Schilthorn |
| ca. 9.00 h | James Bond Frühstück auf dem Piz Gloria |
| 10.03 h | Abfahrt zur Zwischenstation Birg |
| | Wanderung Birg - Rotstockhütte -Sefinenfurgge - Griesalp |
| | Halt bei der Rotstockhütte und auf Sefinenfurgge |
| ca. 15.30 h | Begrüssung durch Bart Peeters auf dem Oberen Dürrenberg |
| | Weiterwanderung nach Griesalp |
| ca. 17 h | Check-in im Berghaus Griesalp, Fam. Peeters, Tel. 0041/33/ |
| | 676 12 31, Fax 0041/33/676 12 42 |
| ca. 19.30 h | Apéro und Informationen über das Kiental |
| | Abendessen |
| | gemütliches Beisammensein mit musikalischer Unterhaltung |
| | Übernachtung auf der Griesalp |

**Dienstag, 18. August 1998**

| | |
|---|---|
| | Frühstück - *Gepäcktransfer nach Kandersteg* |
| | 1. Gruppe |
| 9.00 h | |
| | Wanderung auf dem Sagenwanderweg durchs Kiental |
| | nach Kiental |
| | Picknick au dem Rucksack |
| 13.07/15.07 h | Abfahrt mit dem Bus nach Reichenbach |
| 13.30/15.30 h | Abfahrt Zug nach Kandersteg |
| 14.12/16.12 h | Ankunft in Kandersteg, Transfer zum Hotel |
| | Check-in im Waldhotel Doldenhorn, Fam. Maeder, Tel. 0041/33/ |
| | 675 81 81, Fax 0041/33/675 81 85 |
| | Zeit zu eigenen Recherchen |

|  | 2. Gruppe |
|---|---|
| 9.00 h | Transfer auf die Bundalp |
|  | Wanderung mit Bart Peeters zur Blüemlisalphütte |
| 12.00 h | Treffen mit Jerun Vils, Kandersteg Tourismus, Mittagessen und Infos über die Blüemlisalp |
| 13.15 h | Wanderung zum Oeschinensee, Zvieri |
| 17.00 h | Talfahrt mit der Nostalgiesesselbahn nach Kandersteg |
| 17.30 h | Check-in im Waldhotel Doldenhorn (s. Gruppe 1) |
| 19.45 h | Abendessen im Landgasthof Ruedihus |
|  | Information über Kandersteg durch den Gemeindepräsidenten |

**Mittwoch, 19. August 1998**

|  |  |
|---|---|
| Morgen | Frühstück und Zeit zur freien Verfügung |
| 12.00 h | Mittagessen im Waldhotel |
| 14.00 h | Bike-Ausflug ins Gasterntal |
|  | Besuch des Naturschutzgebietes und der Sehenswürdigkeiten |
| 18.00 h | Abendessen im Berggasthaus Steinbock im Gasterntal |
| 21.00 h | Rückfahrt mit dem Bike oder mit Bus |
|  | Übernachtung in Kandersteg |

**Donnerstag, 20. August 1998**

**Gepäcktransfer nach Adelboden**

|  |  |
|---|---|
| 8.30 h | Transport zur Bahn und Fahrt auf die Allmenalp |
| 9.00 h | Alpkäsereibesichtigung auf der Allmenalp |
| 10.00 h | Wanderung über Bonderchrinden nach Adelboden |
| 12.30 h | Ankunft auf dem Passübergang |
| ca. 13.00 h | Empfang durch Adelboden im Bunderchummi |
|  | ☞ Adli kümmert sich ab sofort um die Gäste |
| ca. 13.30 h | Verpflegung im Restaurant Bunderalp |
|  | ☞ Adli sorgt sich um alle Bobochen und Wehwehs (werden wir die haben??) |
| ca. 14.00 h | Transfer zur Cholerenschlucht, Abseilabenteuer |
|  | ☞ Adli wird allen Mut machen |
| ca. 16.30 h | Check-in im Hotel Bellevue, Adelboden, Fam. Richard, Tel. 041/33/673 40 00, Fax 0041/33/673 41 73 |
|  | Entspannung im Wellness Center im Hotel |
|  | ☞ Adli sorgt für die Drinks |
| ca. 19.00 h | Präsentation Adelboden im Hotel |
| 19.45 h | Apéro und Abendessen - danach Adelbodner Night Life |

**Freitag, 21. August 1998**

|  |  |
|---|---|
|  | Individuelle Rückreise, Möglichkeit Ausflüge individuell zu unternehmen. |

**Partner:**          Eurotrek, der Reisebaumeister für Abenteuer- und Aktivferien
                      Zürich, 0041/1/462 02 03, Fax 0041/1/462 93 92
                      Eurotrek wird die Reise begleiten, uns das Routenbüchlein zur
                      Verfügung stellen und auch den Gepäcktransport organisieren

- Berner Oberland Tourismus, Frau Regi Wittwer,
  Tel. 0041/33/823 03 10 hat organisiert und die Programm-
  Feinpunkte ermöglicht
- Schilthornbahn, Nick Rubi, Tel. 0041/33/823 14 44, Fax 823 24 49
- Mürren Tourismus, Peter Lehner, Tel. 0041/33/856 86 86,
  Fax 856 86 96
- VV Kiental, Bart Peeters, Tel. 0041/33/676 12 31, Fax 676 12 42
- Kandersteg Tourismus, Herr Jerun Vils, Tel. 0041/33/675 80 80,
  Fax 675 80 81
- Tourist Center Adelboden, Jürg Blum, Tel. 0041/33/673 80 80, Fax
  673 80 92

8/98 - sch

# 12.8. Beispiel 6: Anmeldebestätigung

Tourismusverband München-Oberbayern e. V.
Postfach 60 03 20 · D-81203 München

«Name»
«Firma»
«Adresse1»

«Postleitzahl» «Ort»

| Ihr Zeichen/Nachricht vom | Unser Zeichen/Durchwahl | Datum |
|---|---|---|
| | MN/p/-13 | 07.05.97 |

Pressereise Maler und Poeten, 22. bis 25. April 1997

Sehr geehrte «Anrede»

Wir bedanken uns ganz herzlich für Ihre Zusage zu o.g. Pressereise. In der Anlage überlassen wir Ihnen das endgültige Programm sowie eine Teilnehmerliste. Für die Teilnehmer aus München fährt der Bus der Firma Kamhuber am 22.04.97 um 8.00 Uhr ab Busbahnhof Arnulfstraße, gekennzeichnet mit einem Plakat „Maler und Poeten"; die bereits nach Augsburg angereisten Teilnehmer treffen wir um 9.30 Uhr im Hotel.

Die zusätzlichen Übernachtungen in Augsburg bzw. München sind laut beiliegendem Plan bestellt. Für die Verlängerung in München ist  am 25. April auch im Hotel Exquisit reserviert. Hotelprospekt und Lageplan für das ibis-hotel in Augsburg haben wir beigefügt.

Noch eine kleine Anregung: nachdem wir doch sehr viel zu Fuß auf Spurensuche sind, empfehlen wir festes und bequemes Schuhwerk.

Das war's für heute. Sollten Sie noch weitere Fragen haben stehen wir selbstverständlich gerne zur Verfügung  Ansonsten wünschen wir eine angenehme Anreise und verbleiben bis zum Treffen am kommenden Dienstag

mit freundlichem Gruß

i.A.

Angelika Mehnert-Nuscheler
Presse- und Öffentlichkeitsarbeit

## 12.9. Beispiel 7: Schreiben an eingeladene Journalisten, die abgesagten

Tourismusverband München-Oberbayern e. V.
Postfach 60 03 20 · D-81203 München

«Name»
«Firma»
«Adresse1»

«Postleitzahl» «Ort»

| Ihr Zeichen/Nachricht vom | Unser Zeichen/Durchwahl | Datum |
|---|---|---|
| | MN/Sp/-13 | 07.05.97 |

Pressereise Maler und Poeten, 22. bis 25. April 1997

Sehr geehrte «Anrede»,

da Sie an o. g. Pressereise leider nicht teilnehmen konnten, legen wir Ihnen nun die versprochenen Unterlagen bei.
Die Pressemitteilungen unserer einzelnen Regionen zu diesem Thema werden Ihnen von den jeweiligen Kur- oder Verkehrsämtern zugesandt.

Für weitere Fragen zu diesem Thema stehen wir Ihnen jederzeit zur Verfügung.

mit freundlichem Gruß

i.A.

Thomas Sprinzing
Presse- und Öffentlichkeitsarbeit

# 12.10. Beispiel 8: Dankschreiben nach Abschluß der Medienreise

Tourismusverband München-Oberbayern e. V.
Postfach 60 03 20 · D-81203 München

«Name»
«Firma»
«Adresse1»

«Postleitzahl» «Ort»

| Ihr Zeichen/Nachricht vom | Unser Zeichen/Durchwahl | Datum |
|---|---|---|
| | MN/p/-13 | 07.05.97 |

Sehr geehrte «Anrede»

„**Das Land hatte Höhe und Weite, Berge, Seen, Flüsse. Seine Himmel waren bunt, seine Luft machte alle Farben frisch. Es war ein schön anzuschauendes Stück Welt, wie es sich herunterzog von den Alpen nach dem Strome Donau**".

Wir hoffen, daß Sie von unserem schönen Oberbayern – trotz immerwährender Hetze – ein ähnliches Bild mitnehmen konnten, wie es Lion Feuchtwanger schon in seinem Roman „Erfolg" beschrieben hat.

Zur weiteren Information überlassen wir Ihnen in der Anlage eine Liste der AnsprechpartnerInnen, die uns an den verschiedenen Zielpunkten der Reise betreut haben. Für Ihre Teilnahme dürfen wir uns nochmals ganz herzlich bedanken und stehen für weitere Informationen selbstverständlich gerne zur Verfügung.

Ja und weil's doch so gut geschmeckt hat auf mehrfachen Wunsch das Rezept der Bärlauchsuppe aus dem Parkhotel Egerner Hof. Gutes Gelingen beim Nachkochen !

Mit freundlichem Gruß

i.A.

Angelika Mehnert-Nuscheler
Presse- und Öffentlichkeitsarbeit

# 12.11. Beispiel 9: Dankschreiben nach Abschluß mit Ausblick

Frankfurt a.M.,     19. Oktober 1998
Tel.-Durchwahl:    069/25 60 01 32

**letztes Jahr.....**
**Medienreise "Vorweihnachtliche Schweiz" vom 16. bis 19. Dezember 1997**

Sie erinnern sich? Wir haben zusammen eine wunderschöne Zeit in der Fondation Beyeler in Basel, in den Weihnachtsstuben von Johann Wanner, auf den Weihnachtsmärkten von Basel, Bern, im charmanten Thun und im hellerleuchteten Zürich verbracht. Kipferl's Reisen haben uns bequem durch die Schweiz chauffiert. Es gab Glühwein und wir haben im "lisebähnli" in Zürich eng beisammen gesessen...

Nun ist es Zeit, dass ich Ihnen die Daten der diesjährigen Märkte angebe, Ihnen das ausgearbeitete Programm von Kipferl's Reisen sende und Ihnen ein Weltereignis in Basel vorstelle: Christo verhüllt 150 Bäume rund um die Fondation Beyeler im Berower Park in Riehen bei Basel (ab 21. November).

Wenn Sie Lücken in Ihrer Information haben oder einfach etwas vom Erlebten nicht mehr präsent ist, rufen Sie mich an. Ich versuche gerne, Ihnen weiterzuhelfen.

Mit freundlichen Grüssen

Ursula Schneider
Medien

**Schweiz Tourismus**
**Landesvertretung für Deutschland / Vertretung Personenverkehr der Schweizerischen Bundesbahnen**
Kaiserstraße 23, 60311 Frankfurt am Main, Telefon 069 / 25 60 01-0, Telefax 069 / 25 60 01-38
e-mail stfrankfurt@schweizferien.ch, Internet http: / /www.schweizferien.ch

# Literaturverzeichnis

**Arnold, Bernd-Peter,** ABC des Hörfunk, UVK Medien, München 1991.

**Duden,** Richtiges und gutes Deutsch, Bibliographisches Institut & F.A. Brockhaus AG, Mannheim 1985.

**Horsch/Ohler/Schwiesau,** Radio Nachrichten, List Verlag, München 1994.

**Konken, Michael,** Pressearbeit – mit den Medien in die Öffentlichkeit, FBV Medien-Verlags GmbH, Limburgerhof 1998.

**LaRoche von, Walther/Buchholz Axel,** Radio-Journalismus, List Verlag, München 1993.

**Linden, Peter,** Wie Sätze wirken, Verlag Johann Oberauer GmbH, Freilassing 1997.

**Linden, Peter,** Wie Texte wirken, Verlag Johann Oberauer GmbH, Freilassing 1997.

**Linden, Peter,** Wie Wörter wirken, Verlag Johann Oberauer GmbH, Freilassing 1996.

**Pink, Ruth,** Wege aus der Routine – Kreativitätstechniken für Beruf und Alltag, Deutscher Sparkassenverlag, Stuttgart 1996.

**Pörksen, Uwe,** Plastikwörter – Die Sprache einer internationalen Diktatur, Klett-Cotta, Stuttgart 1994.

**Stemmler, Theo,** Stemmlers kleine Stil-Lehre, Insel Verlag, Frankfurt 1994.

**Wachtel, Stefan,** Schreiben fürs Hören, UVK Medien, Konstanz 1997.

**Wachtel, Stefan,** Sprechen und Moderieren in Hörfunk und Fernsehen, UVK Medien, Konstanz 1994.

## Für Tips und Hilfen bei der Erstellung dieses Buches ist zu danken:

Dr. Werner Nowag, Deutsches Institut für Publizistische Bildungsarbeit, Journalistenzentrum Haus Busch, Hagen.

Ulrich Räcker-Wellnitz.

Ursula Schneider, Schweiz-Tourismus, Frankfurt.

Angelika Mehnert-Nuscheler, Tourismusverband München-Oberbayern.

# Der Autor

Michael Konken ist Leiter des Referates für Presse & Stadtmarketing der Stadt Wilhelmshaven. Er hat einen Lehrauftrag für Stadtmarketing mit dem Inhalt Journalistik an der Fachhochschule Wilhelmshaven und ist regelmäßig Referent am Deutschen Institut für Publizistische Bildungsarbeit – Journalistenzentrum Haus Busch – in Hagen. Eines seiner Spezialthemen ist die Pressekonferenz. Er publizierte Fachbeiträge und Bücher zum Thema Pressearbeit und Stadtmarketing.

**Kontaktadresse:**

Michael Konken
Potsdamer Str. 51
D-26387 Wilhelmshaven

Telefon: (04421) 53679  (privat)
         (04421) 161-231  (dienstlich)
Fax:     (04421) 161-222
E-mail: konken@fbw.fh-wilhelmshaven.de

# Stichwortverzeichnis